论道互联网

互联网创业商业模式实战经典

张福利◎著

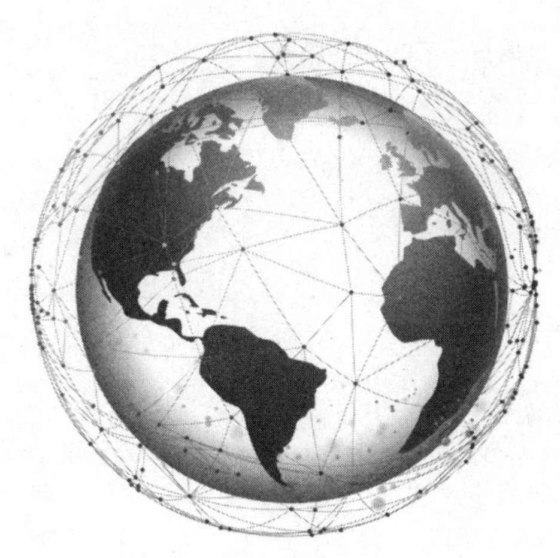

清华大学出版社
北 京

内容简介

本书是一部介绍互联网创业商业模式的实战经典专著，浓缩了互联网时代创业商业模式的演变、进展，以及未来的商业规律。内容包括商业模式概论、传统互联网、社群经济、共享经济与分享经济、网红经济、品牌与定位、商业模式、电子商务、产品与营销、大数据、移动互联网、未来趋势经典总结、物联网和企业管理金句。

本书注重互联网商业模式演变的行业分类和进展，突出内容的经典性和实用性，从概念到趋势，精论互联网应用之道，深度浓缩互联网时代各种商业模式的规律和内涵。汇总了企业常用的经典金句，可为企业管理、市场营销、品牌建设等提供参考。

本书的出版可供企业界、高等院校，以及从事创新创业教育、互联网创业的创业者，从事企业管理、市场营销、企业商业模式设计的管理人员阅读。

图书在版编目(CIP)数据

论道互联网：互联网创业商业模式实战经典 / 张福利著. — 北京：清华大学出版社，2019
ISBN 978-7-302-52009-2

Ⅰ. ①论… Ⅱ. ①张… Ⅲ. ①互联网络－应用－创业－研究②互联网络－商业模式－研究 Ⅳ. ①F241.4-39②F713.36

中国版本图书馆 CIP 数据核字（2019）第 000185 号

责任编辑： 杜　星
封面设计： 李伯骥
版式设计： 方加青
责任校对： 王荣静
责任印制： 沈　露

出版发行： 清华大学出版社
网　　址： http://www.tup.com.cn，http://www.wqbook.com
地　　址： 北京清华大学学研大厦 A 座　　**邮　　编：** 100084
社 总 机： 010-62770175　　**邮　　购：** 010-62786544
投稿与读者服务： 010-62776969，c-service@tup.tsinghua.edu.cn
质 量 反 馈： 010-62772015，zhiliang@tup.tsinghua.edu.cn
印 装 者： 三河市吉祥印务有限公司
经　　销： 全国新华书店
开　　本： 170mm×230mm　　**印　　张：** 13　　**字　　数：** 143 千字
版　　次： 2019 年 7 月第 1 版　　**印　　次：** 2019 年 7 月第 1 次印刷
定　　价： 69.00 元

产品编号：080216-01

作者序

为什么总结了5年才出这本书？

过去5年间，中国互联网呈现出快速发展的趋势，全球市值前十的互联网企业中，中国已经占据三席。过去5年，中国网络零售从1.3万亿元增长至5.2万亿元；快递包裹数量从56.7亿件增长至313亿件。第三方移动支付金额从0.2万亿元增至58.8万亿元。截至2016年底，中国互联网用户高达7.1亿人，全球排名第一，几乎是第二、第三名的印度和美国之和。中国互联网相关GDP（国内生产总值）占比高达6.9%，居世界第二位；如果去除信息通信设备出口之类的制造业及其相关行业，中国互联网相关GDP占比为6.4%，居世界第一。

过去5年，是中国互联网创新飞跃的5年，中国从具有先天人口优势的网络大国逐步迈向技术创新驱动的网络强国。中国互联网领域从商业创新引领发展驱动走向技术与商业双轮驱动。互联网的飞速发展，不仅为消费者带来了便捷，推动了消费需求从低端到中高端的变革，同时也助力中国制造业的转型升级，给创新创业、扶贫、就业等国家和社会关注的热点问题赋予了新的内涵，更是让治理创新走向更加开放协同。

中国经济经历了三个时代，即工业革命时代、互联网时代和物联网时代。不同时代有不同的商业模式，商业模式的逻辑也不同，也就是它的指导理论不同。当然，其催化的结果也不同。

在工业革命时代，它的商业模式就是大规模制造，利用流水线产生高效率，核心就是名牌——谁能够在传统时代创立一个名牌，谁的经销范围就可以扩大到世界各个国家，其议价能力会比别的产品强得多。工业革命时代的指导理论，第一个是亚当·斯密的《国富论》，第二个是泰勒的“科学管理”。泰勒于 1911 年出版的《科学管理原理》，认为要从原来的经验管理变成科学的管理。

第三个是钱德勒的《规模与范围》。他研究了 1870 年到 1938 年期间三个最主要的工业国家——美国、德国和英国，他认为，这些国家的竞争力源于国内的各跨国大企业。而企业要有竞争力必须具备两个条件：第一，规模要大；第二，范围要广，不能只做一个产品，这样才能够成为托拉斯。另外，他认为，企业成长取决于两个要素：第一个要素是战略，第二个要素是组织结构。这两者是从属关系，战略改变了，组织结构必须改变。这个观点直到今天还影响着所有企业。在这些理论下的工业时代发展得如何？高效率的流水线彻底摧毁了低效率的手工作坊。直到今天，我们很多工厂还基本上是流水线作业。

互联网时代和工业时代最大的不同在于，它的商业模式不再是大规模制造，而是变成双边或者多边市场。而且，它不是以名牌为核心，而是以平台为核心。在互联网时代，要么拥有网络，要么被网络拥有。这个时代的指导理论是2014年获得诺贝尔经济学奖的法国人让·梯诺尔所提出的理论。他认为，互联网产业是一个双边市场。过去，产供销都是单边的，平台是非线性的，产品进入市场的门槛太高，企业不知道某个产品到底能不能卖出去，到底有多少人喜欢，客户也不知道是否能找到自己中意的产品，市场无法发挥效率。而现在的双边市场，进入门槛非常低，随便经营一个产品都可以到电商平台上去卖，至于卖得怎么样那是另外一回事儿。在传统时代，很多产品进不了商店，因为价值太小或者没有名气。这个理论和实践所催生的结果是非线性的双边市场颠覆了传统的单边市场。

互联网时代之后，我们很快会进入物联网时代。物联网时代和移动互联网时代有非常大的不同，它是情景感知的、个性化定制的体验迭代。也就是说，在互联网时代，用户可以在电商平台挑选需要的商品，但是，物联网时代不需要你挑选，平台可以根据情景感知你需要什么，给你送去。它的核心不再是名牌或者平台，而是终身用户。

互联网时代的典型特征是：商业模式变化频繁，很多事物是表象而不能深揭其规律。本书在总结近5年互联网时代变化的基础上，对互联网时代的各种商业模式更迭进行了总结和提炼，希望能为企业、高等院校，以及从事创新创业教育、互联网创业的创业者，从事企业管理、市场营销、企业商业模式设计的管理人员提供经典总结和趋势分析。

张福利

2018 年 9 月 1 日于沈阳

每一束鲜花都是一季春天

Flower is for Spring

每一棵大树都是一种成长

Tree is for Growth

每一颗星辰都是一纬宇宙

Star is for Universe

每一双翅膀都是一幕远方

Wing is for Sky

每一座高山都是一份勇敢

Mountain is for Courage

每一片深海都是一眸渴望

Sea is for Thirst

每一位师者都是一生求索

Teacher is for Change

每一个孩子都是一个未来

Child is for Future

目　录

第一章

商业模式概论

一、商业模式的“江湖地位”

取得创业成功的关键是什么？有人会说是“技术”“人才”“需求”“创业者的激情与勤奋”或是“充足的资金支持”，以上这些都是创业至关重要的元素，但是这些元素如果不能有效整合在有效的商业模式之中，创业成功终将成为空谈。

“当今企业之间的竞争，不是产品之间的竞争，而是商业模式之间的竞争。”这是管理学大师彼得·德鲁克在他书中的陈述。这句话在一定程度上已经清晰地阐述了商业模式的“江湖地位”。如果您想尝试创业，或者“择良木而栖”选择一家“靠谱”的用人单位就职，都有必要加深对“商业模式”的认识和理解。

二、什么是商业模式

商业模式描述了企业如何创造价值、传递价值和获取价值的基本原理。如果用一句话来描述，即你要做什么，有什么独特的价值，怎么盈利。

迅雷创始人程浩现专注科技领域的投资，他对商业模式的表述是："好的创业项目和好的商业模式，永远要一句话就能讲清楚，甚至最牛的公司只需两个字就能描述：百度就是搜索，阿里就是电商，腾讯就是社交，新浪就是新闻，360 就是安全，滴滴就是出行。如果换成英文，甚至只需一个单词。而反例也有，乐视为什么乱象频现，就是因为很难用几个字去概括他们的业务。'生态化反'这四个字实在太虚无缥缈。"

展开来讲，商业模式可以用 4Q+2M 来描述，即需要回答 4 个问题（questions）并绘制清楚两张图（maps）。四个问题是：要做什么事情，你处在哪个领域，处于什么样的竞争地位，给利益相关者提供什么样的独特价值。两张图：一张是产业链地图，告诉你在哪个位置的图（图 1-1）；另一张是你的商业模式图，就是利益相关者交易结构图，也叫利益相关者关系图（图 1-2）。总结来讲，第一张图是对 4Q 中的前 3Q 进行显性展示；第二张图是对第 4 个 Q 的展开说明，核心是公司的核心价值和如何盈利，具体来讲，还是定位，更细地定位业务系统构建、现金流结构及融资工具。一张图就能够刻画清楚企业到底怎么赚钱，你赚谁的钱，你向谁付钱，以及你的项目对谁有金钱以外的价值，什么价值。

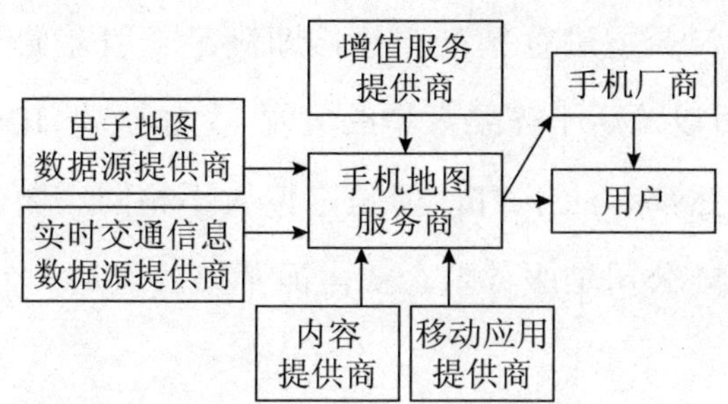

图 1-1　产业链地图（以“手机地图”产业链为例）

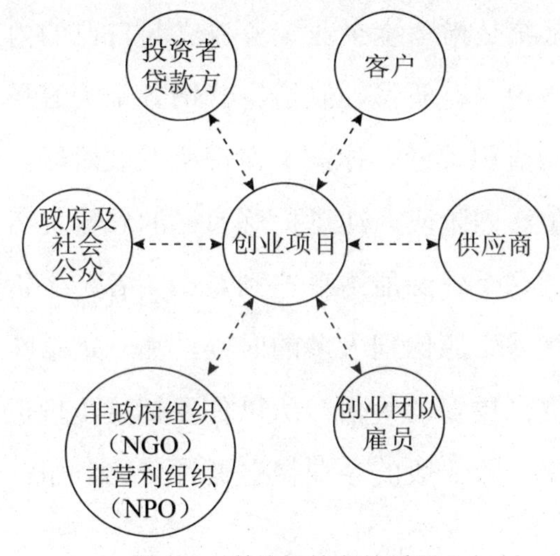

图 1-2　利益相关者关系图

选择商业模式需特别重视如下两点。

（一）定位

创业者要花比较多的时间精准定位，因为它影响你的发展空间、业务系统、成本结构并最终影响投资价值。其中比较关键的问题是“为哪些客户、以何种方式、提供什么独特价值”。比如说创建经济型酒店，

首先就应对客户类型进行精准定位，即满足一般差旅人员或者商务人员的需要，所以酒店不需要豪华的大堂。又如微软、IBM、苹果公司，这三个企业虽然都专注于 IT，但是定位大不相同。微软公司是一个产品企业，IBM 公司是服务型企业，而苹果公司是一个平台企业。

（二）构建业务系统

构建业务系统是指围绕企业定位建立起自己的内外部利益相关者网络。也就是说，在研发、制造、营销各个关键环节，都要做一些发现，找到利益相关者。你需要在每个发展阶段，如起步阶段、扩张阶段、竞争激烈阶段，注意提炼自己的独特优势，或者叫优势资源。要考虑到这个资源能给哪些利益相关者产生价值，产生什么价值。当你的优秀资源比别人多的时候，那一定意味着你会给更多的利益相关者提供更多的价值。所以你要把这个价值描述出来。如果你提炼不出来，跟一般的企业做普通性价比竞争，那你就没优势可言了。

总结来说，作为创业者要不断提炼自己的优势资源，要分析这些优势资源能够产生哪些新的利益相关者，能够给他们带来什么价值，是提升收益、降低成本还是降低风险。这才是你的创业项目生存和发展的独特价值和产生盈利的源泉。

三、如何设计商业模式

（一）商业模式设计原则

在介绍商业模式设计之前，先明确四点设计原则。

1. 坚韧

不断尝试创造优秀的商业模式并非一个结果，而是一个过程。首先，你要构建商业模式的第一个版本，这个版本中有些部分能有效果，有些部分没有效果。你需要加强有效部分修改无效部分，经过调整，你拥有的就是一个优秀的商业模式。这个过程非常艰辛，需要设计者具有坚韧不拔的精神。你无法躲避这种考验，且错误是不可避免的。

即便是风险投资机构，一般的成功概率也不高于10%。简单地说，创造优秀的商业模式是一场艰辛的磨砺与考验过程。即便是商界最聪明的人，也只能在十分之一的时间里能够取得成功。

2. 市场决定原则

商业模式好不好需要让市场来评判。商业模式也许诞生于“实验室”，但只有市场才能检验它是否真的有效。近年来，投资人、风险基金等将数亿美元资金投入到太阳能产业，但几乎没有一家企业实现盈利。谷歌最近关闭了 Google Wave（谷歌波浪）服务。谷歌认为，电子邮件是一个有着 40 年历史的旧事物了，这个事物需要更新。Wave 可以提供多线电子邮件对话服务，取代混乱的接收、转发邮件服务，听起来很美好，不是吗？可这个项目的结果很惨，市场的回应明确而简单：“普通、笨拙、不完美的电子邮件就够了。”

3. 大道至简

商业模式如果深入展开来讲，确实是一个涉及创业项目方方面面的系统工程。但是创业者切勿“舍本逐末”，片面追求自己的商业模式博大精深、包罗万象。相反，在深入剖析自身定位，全面审视商业模式各相关因素之间的关系基础上，要做到追本溯源、大道至简，用最简单、朴实、亲民的方式设计和表达出你的商业模式。

大家都听说过 elevator pitch（电梯游说），大意是一位销售员经过多次努力才获得与某老板会面的机会，可是见面后老板说：“实在不好意思，我临时有个特别紧急的工作必须外出一趟，你可以和我一起下楼，在电梯里给我讲讲你的事情。”在这种情况下，这位销售员必须用极具吸引力的方式，简明扼要阐述自己的业务，争取在电梯里就能说服这位老板。

创业者要拥有这种化繁为简的能力，一句话把自己的项目讲清楚。进一步来讲，还要努力在表述上让外行也能听懂。也就是用一句高度概括的话语，让对你领域不太熟悉的人也能明白你正在做的事。这种能力非常重要，除了有利于融资之外，对你吸引人才和客户、合伙伙伴也有很大的帮助。

4. 谨记商业模式的动态性

创业者在规划商业模式的时候，永远不要期待“一劳永逸”。商业模式具有动态性的特征，需要在实践中不断调整和优化。创业者的商业模式创新之路犹如“逆水行舟、不进则退”。

（二）设计工具之一：商业模式画布

商业模式画布是展现和探讨商业模式的常用工具之一，画布被分为 9 个区块，故也叫“九区块”模式（图 1-3）。商业模式设计者可以在画布的相应区域写下关键理念和原则，九区块展示在一张“画布”上是为了发现和强化各区块之间的紧密关联性。

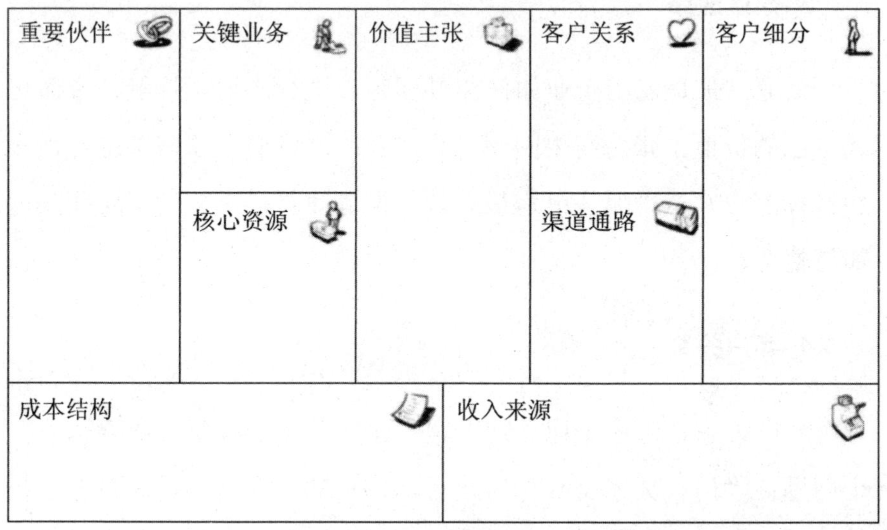

图 1-3　商业模式画布

下面对商业模式画布九要素按重要性排序并具体解释。

1. 客户细分

细户细分是指企业或机构期望服务的不同群体或者组织。在这个区块，需要回答两个问题：“我们为谁创造价值？”“谁是我们最重要的客户？”客户细分是规划商业模式的核心。

2. 价值主张

价值主张是指针对特定细分客户满足他们的需求或解决其问题的产品或服务。想要清晰认识你的价值主张，需要回答三个问题：“对于目标客户，我们存在的价值是什么？”“我们帮助他们解决了什么难题？”“我们提供了怎样的产品和服务？”

3. 渠道通路

渠道主张是表明企业如何与目标客户进行沟通、接触，进而传递自己的价值主张。需要回答三个问题：“我们有哪些渠道可以接触目标客户？”“哪些渠道最有效、渠道效益最高？”“这些渠道如何整合？”

4. 客户关系

客户关系是讲述企业与特定客户建立关系的类型。需要回答三个问题：“何种关系是目标客户更加期待的？”“哪些关系已经建立？”“这些关系的成本如何？”“如何把客户关系与商业模式其他部分进行整合？”

5. 收入来源

收入来源指企业从客户群体中获得的盈利。如下五个问题需要给予回答：“什么样的价值让客户愿意买单？”“客户买到的是什么？”“客户的支付方式有哪些？”“客户更愿意怎样支付？”“各收入来源占总收入比重是多少？”

6. 核心资源

核心资源是指为使商业模式有效运转，所必须投入的最重要的资源。其具体包括实体资产、金融资产、知识资产与人力资源。重点需要回答以下两个问题：“围绕价值主张，我们的核心资源需求是什么？”“围绕我们的渠道通路，我们需要的核心资源是什么？”

7. 关键业务

关键业务是指企业必须做的最重要的业务。关键业务是创业项目最重要的运营项目。以下两个问题需要回答：“围绕我们的价值主张，我们的关键业务是什么？”“围绕我们的渠道通路，我们需要怎样的关键业务？”

8. 重要伙伴

重要伙伴是指为了使商业模式有效运行，所需要的供应商、合作伙伴的网络支持。以下三个问题需要弄清楚：“我们的重要伙伴是谁？”“我们的重要合作商是谁？”“我们从合作伙伴处获得哪些核心资源？”

9. 成本结构

成本结构是指商业模式运营产生的各项成本及关系。以下三个问题需要弄清楚：“我们的商业模式中最重要的固有成本是什么？”“哪些核心资源花费最多？”“哪些关键业务花费最多？”

如果你已经开始考虑创业，你就需要尽快将脑子里的想法变成一张图，这就是起点。你可以用一张白板或白纸，与伙伴或顾问一起分享、探讨，让他们提出自己的问题。这样的讨论可以无限循环，每次至少和几个人一起来回顾这张图，让头脑风暴激发出好点子。不要担心一些细枝末节的事情，也不必追求每一项都全面细致，虽然商业模式画布有九个部分组成，但是只需重点填写六七个部分就可以。您必须重视的区块是明确价值主张，包括每个细分客户群体、细分的关键资产和关键合作伙伴以及推动经济效益的营收和成本分项。

（三）设计工具之二：商业模式轮

商业模式轮是商业模式机构（BMI）研发，并用于创造并分析商业模式的工具。商业模式轮把商业模式拆解为三个大的区块，进而再分解成八个部分的内容，如图 1-4 所示。该模式更注重实效，更体现各组成部分的权重度、层级关系和相互关联。

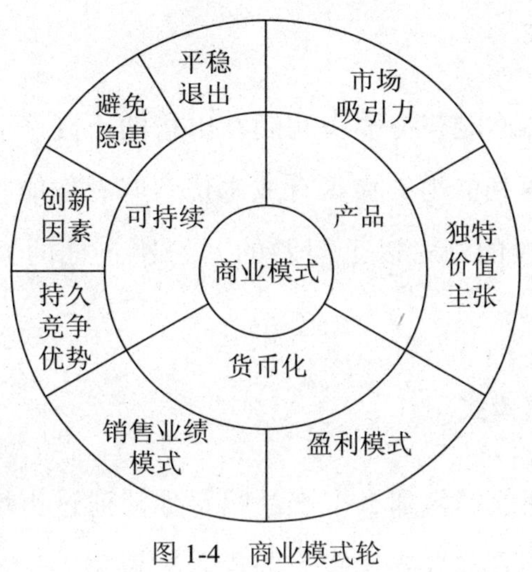

图 1-4　商业模式轮

商业模式轮八要素按重要性排序，具体解释如下。

1. 市场吸引力

将产品卖给合适的大众市场、利基市场和客户，能够对盈利能力产生重大影响，则表现商业模式具有市场吸引力。

2. 独特的价值主张

你的产品是否能满足客户迫切的需求，而客户在其他地方无法获得这种满足？产品为客户提供的价值是否远超其成本？产品是否涉及无服务或服务水平较低的市场？你是第一个带着这个价值主张进入市场的人吗？市场上是否有其他类似产品？对以上问题的回答影响你独特的价值主张。

3. 盈利模式

销售该产品你能获得多少利润？出售的不同产品间的相互作用如何影响你的盈利能力？你具有成本优势吗？你的收入是可重复实现的还是一次性的？对以上问题的回答决定你的盈利模式的组成部分。

4. 销售业绩模式

你能如预期般销售那么多产品吗？你能通过市场营销吸引消费者，或者说你是否需要在销售方面投入大量精力，才能将产品推向市场？你能创造一个有效且能重复使用的销售流程吗？对以上问题的回答会影响销售业绩模式。

5. 持久的竞争优势

你是否拥有经典的竞争优势，如成本优势、差异化或获取资源的能力？你的模式能否让自己保持并继续发展这些优势？是否有更强大的竞争对手进入市场？购买者的议价能力是提高还是降低了？对以上问题的回答将会影响商业模式的持久竞争优势。

6. 创新因素

每个企业都需要创新，但应该采用多大的创新力度呢？一家停车场需要创新以保持竞争力，但这家公司对创新的需求力度显然不如英特尔。创新程度是创新需求与创新能力之间适当平衡的结果。

7. 避免隐患

不幸的是，即便你拥有一款优秀的产品，能够以高利润向一个特别合适的利基市场进行销售，你的商业模式可能还是存在问题。政府管制、选址问题、对潮流和时尚的过度依赖以及法律问题，都有可能损害一个优秀的商业模式。因此，避免隐患十分重要。

8. 平稳退出

从总数来看，绝大多数企业都是中小型企业。这些企业不存在公开发行的股票，无法让所有者保持灵活状态。企业的所有者应该能够将多年的努力转化为现金或收入流，即平稳优雅地退出市场。一个商业模式也许在其他方面都很优秀，但可能让所有者平稳退出。

商业模式轮八要素的逻辑关系见图 1-5。

（四）商业模式展示设计

当你的创业项目利用“商业模式画布”或“商业模式轮”完成了相关方面的构想之后，如何用恰当的方式把它展现或讲述出来是接下来的重要任务。商业模式设计与商业模式展示设计之间的关系，可以比作写一篇毕业论文与论文答辩之间的关系。一篇好的论文是顺利答辩的基础和前提，但是如果写了好的文章却没能用心准备答辩，你的研究意义和研究成果没能让评委专家看到，不得不说你真的是亏大了！

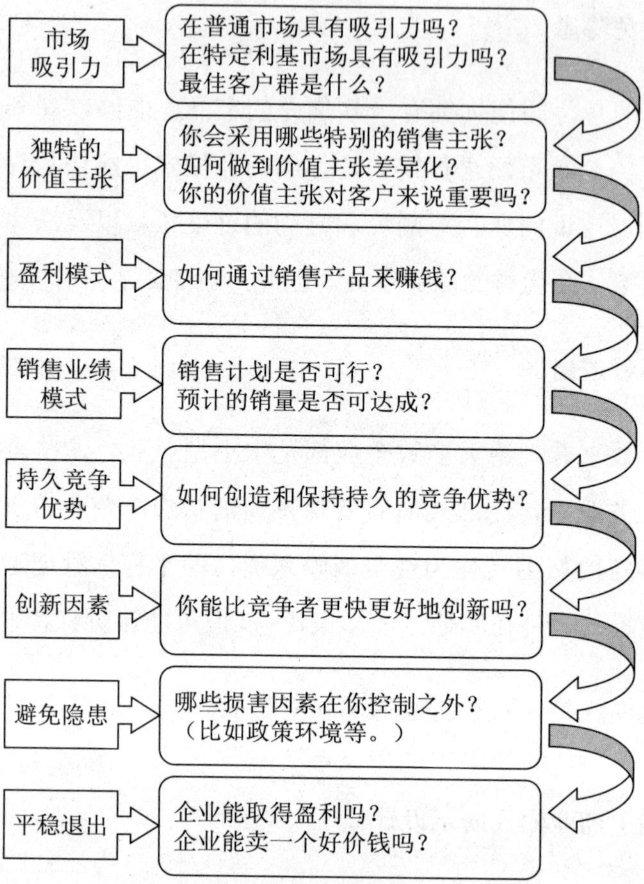

市场吸引力
在普通市场具有吸引力吗？
在特定利基市场具有吸引力吗？
最佳客户群是什么？

独特的价值主张
你会采用哪些特别的销售主张？
如何做到价值主张差异化？
你的价值主张对客户来说重要吗？

盈利模式
如何通过销售产品来赚钱？

销售业绩模式
销售计划是否可行？
预计的销量是否可达成？

持久竞争优势
如何创造和保持持久的竞争优势？

创新因素
你能比竞争者更快更好地创新吗？

避免隐患
哪些损害因素在你控制之外？
（比如政策环境等。）

平稳退出
企业能取得盈利吗？
企业能卖一个好价钱吗？

图 1-5　商业模式轮八要素的逻辑关系

关于商业模式展示设计，可采用以下两种方法。

1. 客户“移情”法

客户“移情”法是指切身体会客户感受，以客户视角展现项目的价值主张。首先，要围绕项目价值主张，描述客户在他的环境中看到什么、听到什么、感受到什么、痛点是什么、想要什么。然后环环相扣，介绍项目针对这些内容赋予了哪些改变，改变后的情景是怎样的，客户感受是怎样的。

2.“讲故事”法

商业模式通常会显得有些抽象，因此我们要想办法让商业模式具象化。你可以用讲故事的方式将商业模式用通俗易懂的方式呈现出来。首先，要确认你的主人公，主人公只能有一位，但是可以根据你讲述对象不同进行设计和编排，如公司合伙人视角、投资者视角、客户视角应有不同的主人公设计。其次，要设计好故事情节，你需要精心设计来将故事讲得生动、形象、有吸引力，并且紧密贴合你的核心价值主张及整个商业模式。最后，你需要应用一些图片、视频片段、连环画等来配合你的故事讲述。

以上两种方法只是商业模式展示设计方法中的两个典型代表，具体应用过程中要结合项目内容和商业模式特点以及展示对象，具体问题具体分析。

四、商业模式创新

（一）商业模式创新的基本事项

关于商业模式创新，你必须了解几件事。

1. 商业模式创新有两种情况

其一，在创业真正开始之前，创业者有一个好的想法或创业方向，这时我们需要商业模式创新，目的是埋下一颗生命力旺盛的“种子”，从而保证创业项目具备良好的前瞻性和生命力；其二，在创业进程中，旧的商业模式已显示出或被预测到即将走向衰减期，这时候我们需要进行商业模式创新，也就是我们经常听到的“二次创业”。

2. 商业模式创新并不是一件高深而遥远的事

商业模式创新的过程其实跟其他创新思路大致相同，一点创意、一点本能、一点市场洞察、一点对未来的预测，都可以进行商业模式创新。如果再加上比较丰富的商业经验则是锦上添花。

3. 过多的回顾与总结对创新不利

商业模式创新需要向前看，而不是过多地回头看。“回头看”最大的问题是让脑子里不知不觉地开始做“修修补补”式的改变。修修补补只能解决一些小问题、小毛病，并不能从根本上带来改变，这和创新是两码事。

4. 预测未来的重要性

创业者对于未来可能影响项目环境的各因素、变量要做出正确的判断，并掌握和运用有效的方法。只有这样，你的商业模式才可以远远抛下竞争对手，迎接未来更加巨大的发展空间。

占卜师通常凝视着“水晶球”，读出你的未来命运。创新商业模式的水晶球是什么呢？以下几点供参考。

（1）经济景气状况、房地产价格。包括整体经济增长情况、行业景气情况，包括房地产价格对诸多关联行业带来的巨大联动影响。

（2）银行信贷政策及利率变化。它将改变和牵动着你的资金获取策略。

（3）技术变革。包括行业内技术变革、一般技术变革以及市场营销方式变革等。

（4）人口增迭情况。如“婴儿潮”“老龄化时代”等。

（5）产业融合情况。如手机和数码相机，谁会想到它们会们成为融合产业。在医疗领域，手机能够承载的可能性还有更多，多多留意，你会从中发现巨大的创新契机。

（6）竞争对手动态。现存竞争对手的动向、是否有新竞争者进入。

5. 克服恐惧

预测和改变通常意味着“冒险”和“犯错”，这是难免的，潜心预算和谋求变革经常会“用力过猛”或“火候不够”，甚至也可能“方向错误”。其实错误没有那么可怕，勇敢地尝试、不断练习，你预测的正确率会越来越高。仅凭这种勇气你就拥有了领先对手的先决条件。相反，如果不能克服恐惧，害怕改变，在这个瞬息万变的经济环境中，你只能做那只“温水中的青蛙”了。

以上五点是商业模式创新的基本事项，对创新起到至关重要的作用，希望创业者予以足够的重视。接下来我们将介绍几种商业模式创新方法。

（二）围绕产业价值链的创新

商业模式换一种说法，是经营背后的商业逻辑。商业模式创新在很大程度上来源于对产业链条中的价值链进行革新调整与再造，围绕产业价值链的升级、融合、挖掘、分解与重组，具体可以细分为以下三种类型的商业模式创新。

1. 迁移

迁移是指着眼提升产业价值链的高度，沿产业价值链爬坡进行商业模式创新。产业价值链“微笑曲线”（见图 1-6）即是典型的迁移类型的商业模式创新。

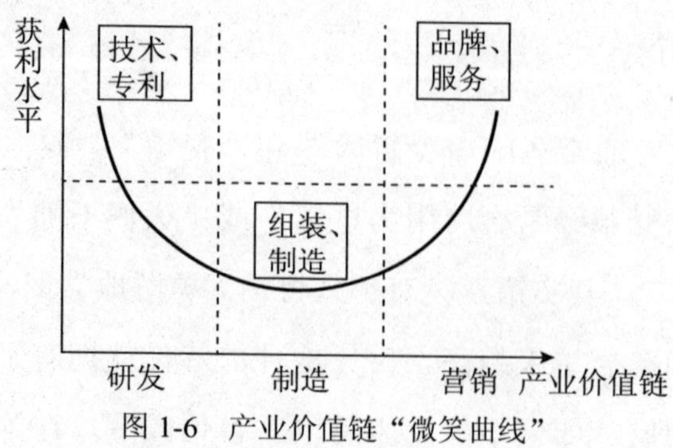

图 1-6　产业价值链“微笑曲线”

产业价值链的“微笑曲线”是呈微笑型的一条曲线，两端朝上。在曲线两端，上游的研发、设计、检测环节和下游的交易、服务环节成为附加值最高的环节。目前，国内外掌握产业主导权的企业通过品牌、行销渠道、运筹能力提升工艺、制造、规模的附加价值，朝微笑曲线的两端发展。如不少 CRO（contract research organization，医药研发全国个包服务机构）从事第三方研发，专注于新药研发，占据产业链高端。在附加价值的观念指导下，企业只有不断向着附加价值高的区块移动与定位才能持续发展并获得超额利润。

2. 拓展

拓展即着眼拓宽产业价值链的广度，以不同产业间的价值链融合展开商业模式创新。

当前，基于创新驱动、消费驱动、绿色驱动、服务驱动所形成的产业融合，为企业商业模式创新开辟了广阔的空间，并产生了许多新兴业态，这类企业的成长与发展拉伸了产业价值链的广度。例如，借助重大技术突破，国内外企业基于技术融合与产业融合展开商业模式创新，围绕物联网、互联网、移动通信、生物芯片、基因技术的交互融合产生了一大批高科技公司；基于内需市场扩容和消费结构升级，诸多企业展开商业模式创新，形成了健康管理、文化娱乐、教育培训等多种业态。

3. 挖潜

挖潜即着眼加大产业价值链的深度，挖掘价值链某一环节并展开商业模式创新。对于价值链上的任一环节，都有可以挖掘的创新空间，而这种挖掘从根本上取决于商业模式的创新。如健康体检产业，除了可以通过直接的体检收费产生收益外，还可以深入挖掘的连带性客户需求空间巨大。结合健康大数据的积累，基于常见的老年病，或针对中年男性、女性高发病的预防性保健的消费需求已呈现越来越旺盛的消费需求。

（三） 渐进式创新与跳跃式创新

渐进式创新，顾名思义，是对现有商业模式进行改善，增加或减少某一小部分。而跳跃式创新则是对现有常态进行彻底改变，风险更大。渐进式创新与跳跃式创新的优势对比见表 1-1。

表 1-1　渐进式创新与跳跃式创新优势对比

优势对比	渐进式创新	跳跃式创新
风险角度	风险更低	相对而言，风险较高
适度原则	给现有商业模式合理的成长周期，防止“过度创新”	有时会“用力过猛”
出发点	从现状出发，无法带来巨大改变	突破现状，可带来颠覆式变革
纳新性	弱，不注重跨文化交流互通	强，十分注重跨文化交流互通

渐进式创新和跳跃式创新都很重要，它们起到的作用不同，并且具有互补性。那么何时进行渐进创新，何时需要跳跃式创新呢？图 1-7 结合商业模式生命周期，给出了何时进行何种商业模式创新

更佳的参考示意。

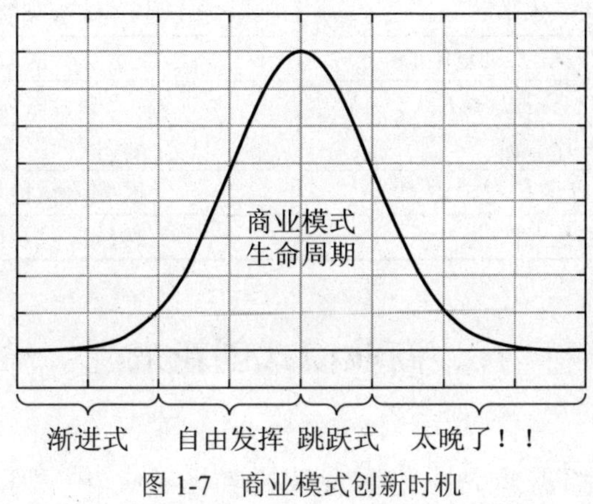

图 1-7　商业模式创新时机

如图 1-7 所示，在商业模式成长初期，建议使用渐进式创新，以保持商业模式的基本稳定；当进入快速成长期，你将拥有更大的自主权，可以根据具体情况酌情选择采用何种创新方式；当商业模式进入衰减初期，你需要及时决断，采取有效的跳跃式创新寻求崛起；如果你的商业模式已经进入衰减末期，此时才考虑通过创新来解决问题，则有些为时已晚，项目将面临极大的破产危机。

渐进式创新是相对安全、更加常用的一种创新方式，是创业者常态化的考虑。跳跃式创新可带来的改变更加显性，因此在合适的时机都可以应用。表 1-2 以医疗行业为例，显示了跳跃式创新带来的行业现状改变。

表 1-2　创新带来的改变

创　　新	被打破的市场
门诊手术中心	综合医院
（某特定人群）康复中心	综合医院
民营专科医院\诊所	综合医院
医疗旅游	国内医院
家庭医疗监控与检测	医院、体检机构
自由执业医生	传统医院及门诊

五、商业模式创新来源

任何创新都需要灵感，而有效的“灵感火花”闪现需要积累和铺垫，那么积累和铺垫的源泉有哪些？

（一）商业书籍和网络搜索

书籍永远是我们内在积累与蓄力的重要渠道。现在，我们不仅可以阅读传统书籍，还可以利用互联网搜索信息，后者为我们提供了更加直接和快捷的信息来源。哪些书籍或网络信息对商业模式创新的意义更大呢？建议选择商业模式类、市场营销类、创新类、经济新闻类等。

（二）竞争对手

能够称之为竞争对手的家伙，一定是有足够智慧，可以对你形成一定威胁的选手。他完全可以成为你进行商业模式创新的来源。

假日酒店的竞争对手戴斯酒店，为了节省成本结构以便更好地竞争，缩减了选址费用，直接选址在假日酒店的对面开自己的新店。无独有偶，肯德基和麦当劳通常也会这么干。

（三）顾问

顾问的价值不在于他本身有多高深，有多智慧，只要他足够敬业和经验丰富即可。因为他可以广泛了解其他企业的创新以及实效如何，就好比采了很多蜂蜜的“蜜蜂”。这些经验弥足珍贵，会带给您高质量的创新灵感。

（四）跨行业学习

“他山之石，可以攻玉”，有时你需要跳出自身行业，了解一下其他行业的优秀企业在如何谋求创新，有什么样的创新理念。

世界各地的企业对沃尔特·迪士尼公司的理念认同度极高，促成了迪士尼大学的建立。世界各地各行各业的企业家愿意在这里付出高达几千美元的学费，他们学到的其实就是迪士尼成功的商业模式。

（五）团队

你的管理团队、你的员工都是你的宝贵创新源泉。尤其是基层员工，他们了解第一手的客户信息、客户感受以及竞争情况，给员

工机会，让他们成为你的智囊，将是一个最英明的决定。

日本制药厂卫采公司（Eisai Co.）的一名普通员工提供了一条建议：在阿尔茨海默症患者的药物中增加类似果冻的成分，方便患者顺利地吞咽药物。这样一条简单的建议解决了长久以来阿尔茨海默症患者吞咽药物困难的状况。

（六）生活细节（购物、电影、旅行等）

“一分钟诊所”的开创者其实就是受到麦当劳的快捷、标准化理念影响，开办了他的快捷诊所，并取得巨大成功。同样，电影中的某个细节，旅行中的见闻、遭遇都可以成为创新的源泉，为你的商业模式创新带来灵感。

总之，灵感的来源无处不在，需要的是一双渴求创新的双眼。

第二章

传统互联网

【**定义**】互联网，即广域网、局域网及单机按照一定的通信协议组成的国际计算机网络。

【**解释**】互联网将两台计算机或者是两台以上的计算机终端、客户端、服务端通过计算机信息技术的手段互相联系起来，人们可以与远在千里之外的朋友相互发送邮件、共同完成一项工作、共同娱乐等。

典型创业案例

一、360安全卫士的免费模式

奇虎公司开始做360安全卫士的时候，没有商业动机，没有想到怎样挣钱，没有想到未来要做免费杀毒，也没有想到要做浏览器、

做搜索。那个年代，除了网易，几乎所有的互联网公司都做插件，不经用户同意，强制性地向电脑里面安装，然后劫持流量，乱弹广告。网民把这种插件叫流氓软件。如何解决流氓软件问题？早期的360安全卫士技术含量并不高。查杀流氓软件，像金山、瑞星这些公司绝对是有技术能力做的。但它们都不愿意干这事，也不敢做这件事。它们不愿意做，是因为不挣钱，它们卖杀毒软件，卖一套就好几百。做一个免费的东西，虽然用户欢迎，但不挣钱，有什么用？他们不敢做，是因为不愿意得罪人。大家抬头不见低头见的，都在行业里混，你把这些中国知名互联网公司的流氓软件查杀了，压力是很大的。周鸿祎压力不大吗？他说：查杀流氓软件，我是为了摘掉给我扣上的大帽子，是出于利己的动机，因此内心特别强大。如果是为了一个高尚的目标，我可能坚持不下去了。所以，我们做出360安全卫士，相当于为用户提供了一个免费的武器，专门查杀各种流氓软件。

现在来看，360安全卫士无意中成功，是因为当时中国互联网的网民饱受流氓软件的骚扰，360适时出来解决了这个问题，迎合了广大用户的需求。这给我们的启示是，360安全卫士不仅要免费，而且必须以用户需求为核心。

二、亚马逊通过好的客户体验取得成功

从1994年在网上卖书开始，亚马逊率先利用互联网的技术优势，进行各种创新，创造了很好的客户体验。例如，鼓励读者写书评，

利用读者购买的图书来推荐其他相关产品，等等。这些是传统书店没办法做到的。这些创新被迅速模仿后，亚马逊又在物流体系上投入巨资，提高库存周转率，加快货物递送速度；顾客不仅能更快地拿到货，还能在线查询订单处理情况。

《华尔街日报》刊出一篇文章《亚马逊最厉害的武器——贝佐斯的偏执》，这篇文章的作者提到，他在亚马逊网站购买了一条价格 13 美元的运动裤，到货后发现裤子太大想退掉。结果他收到亚马逊的一条重要消息：他作为一个重要顾客，无须退回这条运动裤就可以拿到退款。换句话说，在评估顾客的重要程度，以及评估退货产生的费用可能会超过这条运动裤的价值后，亚马逊决定让这名顾客白拿一条运动裤。

贝佐斯一直强调的“客户体验”，在亚马逊到底有多重要？

《彭博商业周刊》记者布拉德斯通所著《一网打尽》提到这样一个细节：贝佐斯有一个公开的电子邮件，他会阅读大量的顾客投诉，在邮件中加上一个“?”，然后，把电子邮件转发给相关的亚马逊员工处理。虽然电子邮件营销为亚马逊挣了很多钱，但是因为顾客强烈投诉，一些生殖健康类产品最终在贝佐斯的要求下停止了邮件营销。

为什么亚马逊会把客户体验放到这么重要的位置？零售业作为服务行业，是体验式经济的前沿阵地。在传统的经济模式下，制造电视的企业把电视卖给顾客，就完成了销售任务。电视是耐用消费品，企业巴不得顾客从此再也不来麻烦自己，这样它可以用广告和其他手段吸引新顾客。但是，零售业本来利润率就低，它必须依靠顾客持续购买才能产生规模收入。这就意味着像沃尔玛、亚马逊这样的零售企业必须产生好的客户体验，顾客在购物过程中感觉舒服，才能再来购物。这如同我一直强调的那样，任何企业都应该像零售企业一样。用户使用产品的过程，是企业与用户对话的过程。用户买到产品，并不意味着销售任务结束，而是体验之旅才刚刚开始。

先创造用户价值，然后再产生商业价值，这是笔者一直强调的。从 1994 年亚马逊创立开始，投资者就对这家公司争论不休，因为它总是不按照华尔街的章法来做事，华尔街也不知道它到底会发展成什么样。在长达 10 多年的时间里，贝佐斯不讲如何为股东创造最大的价值，而是大讲如何创造最佳的用户体验。他四处出击花巨资购建了大量用不完的基础设施，这让亚马逊的投资回报率一直无法提高。然而它的客户群体却一直保持增长，且忠诚度高，帮助亚马逊一路打败了众多竞争对手。这让华尔街又爱又恨。

笔者认为，能让华尔街又爱又恨的企业，才有可能发展成为一个伟大的企业。判断一个公司是否伟大，不在于它创造了多少市值，产生了多少千万富翁、亿万富翁，而在于给顾客创造了多大的价值。在国内，有些企业是靠给用户制造问题，而不是给用户解决问题来赚钱。比如在一些城市，你一坐上出租车，后排座位上挂着的液晶屏就开始播放刺眼、刺耳的广告，而且还关不掉。2010 年前，绝大多数 SP（服务提供商）通过给客户设计陷阱乱扣费来赚钱，有的竟然还上市了。但事实证明，不为用户创造价值的企业，即使能获得商业价值，那也是短暂的。

亚马逊在对于客户体验的创新方面，一直被模仿，但从未被超越。

三、聚美优品——互联网上的“美丽”事业

“80后”创业者陈欧，海外留学，斯坦福大学MBA（工商管理硕士）毕业，海归创业……这些经历透露出陈欧的个性：不甘于接受安排，希望打下自己的一片天。他创立的聚美优品如今已成为众多女性欢迎的化妆品购物网站，他的创业梦想激励了众多同龄人。在天津卫视《非你莫属》节目中，陈欧以其阳光帅气的形象吸引了众多求职者，成为给观众留下深刻印象的嘉宾之一。

谈到创业的动力，陈欧跟记者说：“以前在斯坦福上大学，我们商学院有种风气：Change lives，Change organization，Change the world。也就是改变生活，改变组织，改变世界。这种风格深刻地影响了我，创业也正是为了实现这一目标。”

其实在更早些时候，陈欧的创业理想已经萌芽。“大三大四，快毕业的时候，大家都在找工作，但是我真的不知道自己要做什么，我既不想继续读书，然后硕士、博士毕业之后再去找工作，那样的按部就班不适合我。互联网的创业故事激励了我，我也选择了创业。”于是大学四年级时，陈欧仅靠着一台笔记本，创办了一家在线游戏平台Garena，成功积累了第一桶金。

聚美优品无疑已经丰富了人们的生活，而陈欧也希望通过自己的经历能影响更多的人，给他们带去更多“正能量”。他说：“我希望更多的年轻人都能参与到创业中来，一起去努力、奋斗，去创造价值。就像今天的聚美一样，每天有上百万用户上聚美买东西，给人们的生活带去更多的美，更多便利。”

陈欧是学IT出身的，他认为卖3C类电子产品其实就是在“卖货”，但化妆品就不一样了，是在卖“美丽”，并且这个市场潜力巨大。他说：“这不单单是一个数字生意，做化妆品市场，令我觉得自己是在做一个带有艺术性的感性的生意。我们的产品可以让别人更幸福，我自己也会觉得很快乐。而且说实在的，女性的美可以解决很多社会问题，因为美女多了之后，男生就不会再打来打去。以前特洛伊时代不就是因为一个美女而引发了一场战争吗？我们想避免这种情况发生（笑）。做美丽的生意不仅自己会感到享受，也能让大众享受到美好。”

然而不是所有年轻人都适合创业，陈欧总结了创业需要具备的“三力”：“一是魄力，因为创业需要勇气，你需要承担风险，需要狠下心做些别人不敢做的事。二是判断力，因为作为一个创业者、企业家，需要对企业方向做一个判断，一定要有正确方向，才能避免整个公司犯下致命的错误。像我刚回国时做的是游戏业务，最后我转型过来做了化妆品电商，找对了方向。三是领导力，这是最重要的一点。公司创始人需要团结很多的人，整合很多资源。如果没有领导力，公司团队必然会一盘散沙，缺乏凝聚力，更谈不上创新。最后的失败就是必然的。”

商业模式分析

一、企业电子商务平台的垂直发展模式

对于个人用户来讲，无法熟知的企业级电子商务，如阿里巴巴、环球资源等，一贯以综合电子商务平台的角色出现。综合性B2B（企业对企业）平台所提供的信息具有全面性，交易平台本身对于中小型交易而言在电子支付领域、物流接口等方面具有优势，但是运营压力大，利润率相对低。而在中国，我们触手可及的资本市场成功上市的网盛科技则即将改变企业级电子商务市场的格局，通过垂直B2B平台所具有的运营成本低、信息精准和高置信度等特点，更主动地扩展其在专业企业级交易中的市场份额的路径已经清晰可见。

二、“以销定采”的电子商务发展模式

以往电子商务服务提供商所面临的三大挑战是：信息流、资金流和物流。一家名为爱代购的新型电子商务在2006年宣布上线时，为业界带来的则是以B for C为主的商业模式，有效避免了传统的B2C（企业对消费者）库存的缺陷。B for C模式采用的是“以销定采”的方式，通过虚拟的产品定购，避免了原有B2C厂商的库存压力，解决了信息流、资金流、物流三流中关键的资金流问题。

三、线上、线下畅通的电子商务发展模式

国家邮政局与阿里巴巴集团在北京签署了电子商务战略合作框架和产品协议，在电子商务的信息流、资金流、物流等方面达成了全面、长期的合作伙伴关系。为了增加合作的可信度，人们心目中的国有企业——EMS（邮政特快专递服务）还专门为此次合作推出了一款名为“e 邮宝”（EMS 电子商务经济快递）的新产品。

四、搜索引擎与电子商务运营商间开展合作

电子商务和搜索引擎的合作越来越紧密，电子商务网站要具备优秀的搜索功能，一旦消费者无法搜索到想要的商品，即会转移到其他网站。因此，拥有高质量的站内搜索工具对提升在线零售商的销售收入是至关重要的。“电子商务 + 搜索”的模式将使商业信息搜索更有针对性、更有商业价值，且有风险控制体系。

五、强强联手的合作创新模式

无论是互联网还是传统行业都在强强联手。单一产品的可诉求性无法满足用户日益膨胀的需求，在搜索引擎领域乘胜追击的百度与微软宣布，将启动一项基于搜索服务方面的合作，目的在于将百度的竞价排名系统引入微软在 MSN、Live 以及其搜索相关的服务中，

并寻求可能的商业机会。当前中国是微软全球最重要的市场之一，这次合作不仅为中国的在线广告客户创造新的机会，而且也增进了搜索服务质量。

互联网论道之一：互联网的九大思维。①用户思维：指在价值链各个环节中都要“以用户为中心”去考虑问题；②平台思维：指开放、共享、共赢的思维，平台模式最有可能成就产业巨头；③大数据思维：指对大数据的认识，对企业资产、关键竞争要素的理解；④简约思维：互联网时代，信息爆炸，用户的耐心越来越不足，所以，必须在短时间内抓住用户注意力；⑤极致思维：打造让用户尖叫的产品；⑥迭代思维：不断试错及创新；⑦流量思维：流量意味着体量，体量意味着分量；⑧社会化思维：社会化商业的核心是网，公司面对的客户以网的形式存在，这将改变企业生产、销售、营销等整个形态；⑨跨界思维：随着互联网和新科技的发展，很多产业的边界变得模糊。

互联网论道之二：互联网时代的企业特征。①零距离：企业与用户之间是零距离，从原来企业大规模制造变成大规模定制，变成个性化生产。②去中心化：互联网时代人人都是中心，所以自媒体盛行，自我代言产品大行其道。企业管理也去中心化，以员工平台创业为趋势。③互联网营销系统化：改变原来层层分销的传统模式，外去中间商，内去隔热墙。CRM（客户关系管理）、ERP（企业资源计划）、社群经济、共享经济、大数据精准分析为营销提供工具和平台。

互联网论道之三：什么是互联网的本质？互联网的本质也是互联网演化的三个阶段。①在线。互联网最早的企业 Netscape 浏览器和雅虎，其实就是把原来线下的内容搬到线上，用一种新方法浏览信息数据。②互动。互联网从第一天起，就是一个分布式的点对点结构，可以支撑海量实时互动。只有互动，才能真正把互联网技术的优势充分发挥出来。③协同。越来越多的行业在线化、网络化以后出现了协同网络，以便更高效地完成个性化服务，如淘宝。

互联网论道之四：互联网经济的本质。互联网经济的本质很简单，无非就是通过互联网载体给自己的客户提供独有价值的东西（服务或产品），同时实现自己的收益（副产品）。企业获得收益的多少，只取决于提供价值的大小，而和其他任何因素都无关，商业利益与客户价值关系越来越紧密。

互联网论道之五："互联网化"是传统企业的发展趋势。互联网发展至今，对传统企业的促进作用可以分三个阶段，首先是信息化，接着就是营销的互联网化，最终是企业的全面互联网化。企业互联网化是企业通过种种手段使得企业的生产关系、管理模式能够基于互联网先进技术进行充分的变革，企业互联网化应该包含更深刻更广泛的内容，涉及企业的营销、采购、管理、用户模式等多种方式的转变。

互联网论道之六：互联网企业将走向传媒化。移动互联网时代给企业赋予新的特征：一是低门槛，谁都可以在网上发出自己的声音；由此带来第二个特征，去中心化，去权威化；三是人们可以突破空间和地域的界限，把类似的人聚合到一起。它不仅给个人带来展示个性的舞台，也给企业带来了自我发声、自我赋能的空间。未来的企业不仅要提供产品和服务，而且将走向传媒化，也就是要学会传播自己，在自我传播中做市场经营、品牌塑造、客户培养。

互联网论道之七：中国互联网的进化趋势。传统互联网→移动互联网→万物互联（物联网），传统互联网就是PC（个人计算机）互联网，它解决了信息对称问题；移动互联网解决了效率对接问题；未来的物联网需要解决万物互联：数据自由共享、价值按需分配，各尽其才、各取所需，让每一个人都能找到与之相匹配的人，然后发生各种关系。

互联网论道之八：互联网资讯发展的三个阶段。第一阶段，让规模化的企业降本提效；第二阶段，解放中小企业，建设中小企业基础设施；第三阶段，互联网解放了个体，经济单位变小，95%信息供给来自个人。

互联网论道之九：中国互联网衍生出了三大新兴的经济形式：个体经济→共享经济→零工经济。“个体经济”指自由职业者大量兴起，它象征着自由；“共享经济”指人们开始分享自己的资源，它象征着分享；“零工经济”指人们主动上门为别人服务，它象征着奉献。这三大新模式不断蚕食主流的商业模式，正在诞生新的商业文明。

互联网论道之十：互联网化的变现渠道。①提高用户对企业的黏性，扩大用户群，延伸出不同的用户价值，通过手中的用户后向收费模式进行流量变现（用户就等于价值）；②从为用户提供超越其他用户的特殊体验来进行收费，例如会员服务，这需要企业不断深挖已知客户的未知需求；③直接在互联网上进行买卖，为买卖双方提供交易平台而收取建设和服务费用。

互联网论道之十一：产业互联网是下一个风口。产业互联网就是传统企业嫁接互联网。消费互联网时代我们解决了消费习惯，提高了消费效率，那么产业互联网时代我们要解决的是生产习惯。消费互联网时代是传播价值的时代，产业互联网时代是创造价值的时代。产业互联网是创业的好机会：你什么都没有，但未来什么都是你的。把什么都变成我们的，这就是互联网思维，是道和爱。

互联网论道之十二：你的公司网络化升级了吗？①工作网络化＝网络化办公，e-mail、QQ、微信、钉钉；②产品网络化＝通过互联网渠道销售的产品与线下商品是有差异的；③营销网络化＝互联网营销的18式，平台、商城、网店、微店、APP；④商务网络化＝电子商务，客服、售后、互动、口碑；⑤生产网络化＝工业4.0，云制造；⑥组织网络化＝打造扁平化组织，形成蜂巢架构；⑦“网络化”升级＝网络化升级就是针对互联网营销的“黑暗森林”不断改进工具、方式，提升互动、体验、粉丝。

互联网论道之十三：互联网时代用户思维的特征。用户思维，是指企业的生存和发展在互联网时代必须“以用户为中心”。相对工业时代“以客户为关注焦点”的客户思维，用户思维有以下两个方面的特征。①用户思维颠覆了传统商业模式。传统商业模式，基于客户付费。互联网时代的商业模式，却是基于免费用户。通过免费、补贴、硬件成本价等手段，争夺用户、挤垮竞争对手，进而在海量用户的基础上建立新的收费模式；②用户思维要求“以用户为中心构建运营体系”。传统企业运营，虽然强调“以客户为关注焦点”，但在实际运营中，企业只是在营销、服务环节和客户发生关系。而在互联网模式中，企业不仅要把用户转化为客户，还要引导用户全面参与企业的研发、生产、营销、服务，以用户为中心构建运营体系。

互联网论道之十四：互联网下半场的趋势。互联网下半场正在发生几个深刻的变化：一是商业的重心正在从“物”转移到“人”；二是商业的驱动力正在从“流量”转换为“关系”；三是商业的衡量标准正在从“价值”转换为“价值观”，拼的是“信任”和“关系”。

互联网论道之十五：企业互联网化应遵守的准则。①做正确的事比把事做正确要重要，是否互联网化是参与者和看客的区别，参与者才能成为主宰者。②正确地做事，互联网化解决了企业边际成本最小化问题，企业与海量用户有了直接互动的可能，企业终极目标是营销全球化、客户精准化、数据价值化。③商业模式创新。传统企业转型互联网企业的顺序是先“联”再“互”，最终成“网”，如果现在企业还在犹豫要不要“+互联网”，再过两年，企业面临的问题不再是“转型”，而是“逃命”。

互联网论道之十六：互联网是人类社会发展的释放剂。以较长和较大的时空尺度看，影响和决定人类社会发展的关键因素是人、技术和文化。人即人口素质、增长、规模和结构等，技术即技术的进步和应用，文化即文化的积淀、传承和演化。进入互联网时代，人获得了更大程度的自主权和自由度，越来越多的个人成为经济活动的主体。

互联网论道之十七：互联网时代的三大特征和动力。在以互联网为核心的信息技术的推动下，互联网时代拥有新基础设施、新生产要素和新结构三大特征和动力。新基础设施即云网端，亦即云计算、互联网和智能终端；新生产要素即数据；新结构即大规模协作和共享。

互联网论道之十八：互联网时代的经济和社会结构。在互联网时代，从技术、经济到社会都在发生结构性的大变革。微经济、共享经济和平台经济“三位一体”的互联网经济形态正在形成。宏观经济体系正在从工业时代的“三次产业”和横向分工向互联网时代的“三层生态”和纵向共享转型。三次产业即基于横向分工划分的第一产业、第二产业和第三产业，三层生态即基于纵向共享划分的基础设施、平台和自由连接体。社会结构正在从农业时代不自觉的有机性社会、工业时代自觉的机械性社会，向互联网时代自觉的复杂性社会转型。

互联网论道之十九：互联网推动了社会创新。由技术引发的创新通常会经历三个阶段，即技术创新、商业创新和社会创新。近年来“互联网 +”的兴起，则标志着互联网的影响开始经过技术创新和商业创新的阶段，进入社会创新的阶段，互联网对于社会创新的作用日益显现且越来越重要，不仅是商业创新的动力，更是社会创新的动力。

互联网论道之二十：互联网对社会创新赋能。互联网对社会创新的推动主要体现在连接、传播、赋能、聚合和协同五个方面。连接：增强或重建被工业时代消减或摧毁的人的社会连接、社会交往和社会资本。传播：自媒体、群媒体、泛媒体。赋能：增强个人、小微机构、弱势群体、边缘群体的信息能力和交往半径，通过权力转移或重新分配，激活和提升其经济与社会自由度。聚合：连接一切，海量参与，聚合微主体、微资源、微行动和微想法等。协同：大规模、跨界和网状协同，众创、众包和众筹，网络化组织、社群和生态。

互联网论道之二十一：互联网的长尾经济效应。互联网时代，网络中人的数量突然变得巨大，全球有大约 70 亿人，有 35 亿网民，这就意味着其尾巴很长很长，长到什么程度？甚至比最高山峰要长很多。从经济学角度讲，长尾意味着不管是什么独特的需求，哪怕是一点点人的需求都可以赚大钱。互联网时代的长尾理论。长尾理论，是互联网时代兴起的一种新理论，由美国人克里斯·安德森提出。互联网诞生前，所有的产品都是为最高的需求生产的，有最多人需要的东西才会被生产、被出售。否则，这个抛物线下来之后，就开始变小了，然后就会一直往下延长，延长的是尾巴，也被称之为长尾。过去尾巴这部分需求是不会被生产的，因为所有的产品都是为最多的人服务的，很少有人为少数人服务。

互联网论道之二十二：互联网的群体操纵。互联网时代，从众效应得到快速传播，如大家都在用苹果手机，所以我也要用苹果手机，实际上不知道自己是被群体裹挟的。人一旦被群体化后，只会被裹挟着往前走，永远不知道自己在干什么，因为群体没有思考能力，没有个人意志。其结果与过去农民种地一样，如果所有人今年都种玉米，明年玉米一定卖不出价格，因为太多了。互联网的产生降低了人的独立思考能力。

第三章

社群经济

【定义】互联网时代，一群有共同兴趣、认知、价值观的用户抱成团，发生群蜂效应，在一起互动、交流、协作、感染，对产品品牌本身产生反哺的价值关系。这种建立在产品与粉丝群体之间的情感信任+价值反哺，共同作用形成的自运转、自循环的范围经济系统即社群经济。在社群经济中，产品与消费者之间不再是单纯功能上的连接，消费者开始在意附着在产品功能之上的诸如口碑、文化、格调、魅力人格等灵魂性的东西，从而建立情感上的无缝信任。

【解释】社群指具有共同目标或者共同兴趣，可以即时互动、高效沟通，并且能够一致行动的群体。成员之间，在互相信任的基础上，通过互惠互利形成经济价值，便是社群经济。其中，社群经济的核心是社群，有了符合人们期望的社群，便会随之而产生经济效应。

典型创业案例

一、小米：让用户深度参与，从粉丝经济到社群经济

小米从粉丝经济过渡到社群经济的历程并不顺遂，但作为最早打造出社群的典型代表，仍给后来者不少启示。在创立之初，小米就定位于“走群众路线”，通过为用户营造参与感，打造“100个梦想的赞助商”，并借助社会化媒体形成了早期种子用户爆发。早期做MIUI时，雷军说要不花钱将MIUI做到100万用户。于是黎万强就通过论坛做口碑：满世界泡论坛，找资深用户，最后选了100位超级用户，参与MIUI的设计、研发、反馈，也就是小米所谓的“100个梦想的赞助商”。雷军每天会抽出一小时回复微博上的评论。每个工程师每天要回复150个帖子。而且，在每一个帖子后面，都会有一个状态，显示这个建议被采纳的程度以及解决问题的工程师ID，这给了用户被重视的感觉。中期小米还积极地与米粉交朋友。在用户投诉或不爽的时候，客服有权根据自己的判断，自行赠送贴膜或其他小配件。小米还赋予用户权利——成立“荣誉开发组”，让他们试用未发布的开发版，甚至参与绝密产品的开发，给了用户极大的荣誉感和认同感，让他们投入更大的激情参与产品的升级。此外还有线下的小米“同城会”，跟用户交朋友，让发烧友最先体验产品。这些举措极大地增加了用户的黏性和参与感。除了营造参与感，还举办“米粉节”来回馈众多米粉。小米会在此阶段发布全新产品，以及往期产品大促销，利用极其诱人的促销折扣吸引粉丝

疯抢产品，创造了一个又一个销售奇迹。2016 年米粉节，小米网总销售额突破 18.7 亿元，累计参与人数 4 683 万人，游戏参与 10.2 亿次。小米的模式并不能算完全意义上的社群，但其早期用户深度参与互动，以及线下活动运营的方式，也可称得上初创建立社群模式的教科书。

二、大 V 店：让用户赚钱的社群电商

作为一家新兴的母婴电商，大 V 店可谓是社群电商成功案例中的佼佼者。它以亲子阅读为精准切入点，社群的管理运营体系化，以帮妈妈创业赚钱开店获取佣金的模式，几近成长为一个自我循环的社群生态平台。在不到两年时间内，大 V 店获得俞敏洪的洪泰基金天使轮、金沙江创投 A 轮、光速安振 B 轮投资，并于 2016 年 3 月获得迪士尼旗下思伟投资领投的 B+ 轮数千万美元融资。目前的注册用户 500 万，妈妈店主就将近 70 万，月销售额超过 1.5 亿元人民币。

面对当前电商领域中阿里与京东的双寡头格局，传统的 B2C 电商似乎很难再有新的机会。但大 V 店创始人吴方华认为，基于“推荐”的电商仍有希望。在母婴领域，妈妈们天生爱分享关于孩子生活的点滴，也乐于接受其他妈妈推荐的产品，在基于人群的推荐方面具有天然优势。再加上许多全职妈妈本身有缓解家庭经济压力的需求，大 V 店鼓励妈妈们自己创业开店是可行的。在社群管理方面，除了

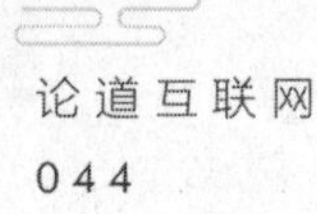

逐步用工具和APP来实现产品化以外，大V店还以地域为划分标准，建立了涵盖全国所有省份的“V友会”。大V店通过内容活动发现V友会中的意见领袖，并将她们培养成“班委”，负责V友会的日常管理工作。2016年，大V店开启了“妈妈加油站”，选出有影响力的妈妈作为站长组织线下活动。这些“大V”妈妈在满足个人社交需求、实现自我价值的同时，也分担了一部分运营工作。此外，大V店还签约了近900个落地机构，为妈妈们提供线下的活动场所。作为一匹成色十足的大黑马，大V店社群用自运营系统解决了用户激增带来的运营压力，通过强互动增进了情感维系，用高频高质的内容传播促进了销售的提升。这些无疑给模仿者树立了很高的壁垒。

三、吴晓波频道：让用户用内容变现社群更专业

作为模式清晰的内容变现社群，吴晓波频道最重视的是持续性、高品质、专业化的内容生产能力。而其最大的创举是建立一个有刚需的细分市场、树立自己的风格、快速积累用户。而随着用户基数和黏性达到一定的程度，内容本身变现或者嫁接商业价值就水到渠成。

国内最出色的财经作家之一，曾被评为“中国青年领袖”的吴晓波，在财经爱好者群体中具有极强的号召力。2016年5月8日，吴晓波频道上线，每周二、周日各一篇财经专栏，周四在爱奇艺播出30分钟左右的视频脱口秀。2016年11月9日，“吴晓波频道”公众号的粉丝突破了200万。吴晓波认为，社群人数的增长和付费

比例的提升，极度依赖内容品质，这个时候投机取巧的办法没有意义，必须扎扎实实把内容做好，做一个可持续供给内容的人。2017年“吴晓波频道”推出一个叫“大头思想课”的内容产品。这个产品的初衷就是帮助那些想了解军事、历史、政治、人文、哲学知识的财富人群，给他们传输对应的高品质内容。“这就是新的可能性发生，在任何一个圈层中，我始终认为有好的内容，只要能够产生，一定可以找到喜欢你内容的人，哪怕他们是非常非常小众，只要找到他们，就有价值，或者找到本身就实现了价值。”吴晓波同样尝试过电商变现。2015年6月18日，吴晓波和他的团队抱着试水的心态，在拥有百万粉丝的“吴晓波频道”公众号里开启了“吴酒”的第一次限购。效果出乎意料地好，短短33小时卖掉了5 000瓶，迅速入账100万元。

四、罗辑思维：让用户成为商业节点

不少人认为罗辑思维是靠内容引流、靠广告变现的媒体平台，但罗振宇并没打算靠视频广告来挣钱，微信微博里高活跃用户才是他最看重的。建立社群，让人与人之间产生连接，嫁接资源，产生商机，在这一过程中，罗振宇希望每个人靠自己在朋友圈当中某一个小领域的权威和信任形成资产，并借此重建商业文明。

罗辑思维首先将目标用户定位为“85后”白领读书人。这类人群有共同的价值观，并渴望在社群中找到精神上的优越感。罗辑思维为这群用户提供独立思考的启蒙和捷径，最大限度唤起用户独立思考的能力，激发用户的动机并养成分享习惯。

视频是罗振宇建立社群的入口和名片。通过视频的大范围传播，持有与他相同价值观的人才能够在微信上聚集，参加各种互动。同时他进行了两方面的尝试扩散：一是加强内部会员之间的联系。如举办霸王餐活动，让会员说服全国各地餐馆老板贡献出一顿饭，供会员们免费享用，借此达到传播的目的。二是向外部扩散。如罗胖售书活动、众筹卖月饼活动、柳桃的推广活动。借这些项目，社群里的人可以对外销售商品，从中得到回报。更重要的是，那些有能力、有才华的人可以在罗辑思维 300 万用户面前展示自己，靠自己的禀赋获得支持，形成一个新的节点。

有内容互动也有精神上的价值输出，最后还养成了用户的付费模式，罗辑思维将社群经济做得风生水起，可圈可点，为很多内容平台提供了很好的转型方向。但平台太依赖罗振宇个人影响力，这也会成为其发展的瓶颈。

商业模式分析

模式一：粉丝之上，社群经营

粉丝和消费者的区别是什么？粉丝是一种情感纽带的维系，粉丝行为超越于消费行为本身，因此，品牌要么将粉丝变成消费者，要么就要把消费者变成粉丝。乔布斯的果粉就是典型的粉丝链接。而小米手机也是与粉丝的情感和价值认同链接而创造的品牌。

罗永浩的锤子手机，其目标用户本质上是老罗忠实粉丝群体，老罗的锤子逻辑是，即使锤子手机定价超过 3 000 元，有着同样情怀和审美的粉丝群体也会认同这个价值。不去讨论他的手机未来如何，他至少可以吸引小众的罗粉群体，而在营销上，他获得用户的成本可以降低，未来，他还需要继续挖掘粉丝的关联需求和价值，这是社群时代的新商业规则——用社群去定义用户，经营社群去挖掘基于核心产品的延伸需求，这区别于工业时代的产品为王——先定义产品，再寻找消费群，然后再经营用户。

模式二：用户参与“智造”产品的时代

工业时代，企业强调的是“制造”，“制造”是以企业为中心的商业模式。在互联网时代，消费者希望参与“创造”，由此进入一个用户“智造”产品的新时代。

这个时代的特征是企业永远不要觉得自己懂得一切的用户需求，而是让用户来参与提供需求的过程，甚至邀请用户参与到解决消费需求工作中，企业需要为消费者设立“吐槽社区”和“创新社区”，并懂得将这些社区的消费者内容为创新所用。“吐槽社区”和“创新社区”就是消费者痛点的发掘之地。

模式三：“众筹”形式下的全新生态圈

“众筹”这个词，近年来就一直很火。众筹通过互联网，把原来非常分散的消费者、投资人挖掘出来、聚拢起来，为那些创意、创新、个性化的产品找到了一个全新的生态圈。例如，阿里巴巴联手国华人寿推出的“娱乐宝”，让影视和游戏爱好者可以用很少的资金来投资，本质上，这是一个理财产品，但是，模式上，这是一个众筹的娱乐类的基金产品。“众筹”是个性化、定制化、分散化的产物，改变了消费者的角色，让粉丝、社群都可能成为创新商业推动者和投资者，这是一个新的社群商业。

模式四：情景营销模式如火如荼

2018 年商业最热的词汇是“新零售”，新零售的核心是“线上和线下结合”和场景营销。智能家庭、移动终端、可佩戴市场、大数据、实时传感器等，都在各个维度和用户产生链接，这种链接通常存在于消费者具体的情景中。很多时候，营销要触动消费者，一定要有匹配的情景，而新技术的发展，让随时捕获这种情景变得容易，例如可佩戴市场，又如移动互联网和任意的广告屏幕和终端的链接。

例如，在写字楼场景，如果你可以通过手机 Wi-Fi 快速地获得品牌的专卖店或者零售终端的优惠券，或者本地化的一些消费信息，或许你会在上班中午吃饭的时间，到周围的商圈去展开一次购物活动，也或许你会与写字楼屏幕上显现的二维码链接而到办公室的电商平台去购物。营销如果不能让消费者触景生情，或者触情而动，那么就成了强制和粗暴的广告推送，而对于用户场景的观察与新场景的制造，都能带来新的传播机会。

模式五：实时响应的客户服务

今天，每个企业都要实时地回应和实时地响应消费者所表达出来的需求。而移动互联网技术的发展，让消费者实时需求集中爆发，同时，企业也将改变服务的形态，例如微信客户服务的出现，社会化客户关系的管理。

互联网论道之二十三：移动社群电商是大数据时代重要的营销模式。大竞争时代，消费升级造就了更“挑剔”的消费者，侧面要求企业改变以往生产、经营、销售和推广模式，不仅要求企业组织社群化，生态链社群化，还需要企业对客户关系进行社群化管理，以及运用社群思维形成系统化品牌营销流程，最大限度提高移动社群电商的运营效率和获益能力。

互联网论道之二十四：如何评估互联网社群的客户黏性？一个

互联网社群是否具有黏性，主要评估以下两点：①用户参与后，产生的“收益”；②用户离开后，产生的损失。所谓“收益”，就是指用户用得越勤，收获就越多，包括获得信息和养成某种生活习惯。“损失”则是指：用户用得越久，他停用后损失就越大，社群已经成为他“身份”一部分，或者这已经是用户积累了某些价值的生态圈。

互联网论道之二十五：互联网社群的价值观。价值观是互联网社群的生命，互联网社群价值观的传播与认可，对于拥有价值观的族群最有效果，也就是说，理性中产及知识爱好者会在未来的社群经济试验中成为最主流的势力，在这个意义上，“得草根者得天下”的互联网铁律变成过去时。互联网社群并非偶像是核心所在，圈层之内的专业者被尊重，优质产品（无论是精神层面还是物质层面）的价值被放大，借助互联网的工具革命，社群的扩张会惊人提速，而真实交互的边界成本却不会提高，这才是真正意义上的“内容者的春天”。

互联网论道之二十六：互联网社群的商业意义。按照互联网社群的经济原则，社群在商业上的意义有如下三点：其一，社群能够让消费者从“高速公路”上跑下来，形成真实的闭环互动关系，重新夺取信息和利益分配的能力；其二，社群让互动和交易的成本大幅降低，从而令优质内容的溢价得以实现，而消费者的支付也得以下降；其三，社群能够内生出独特的共享内容，彻底改变内容者与消费者之间的单向关系，出现凯文·凯利所谓的“产销者”和“消费商”。

互联网论道之二十七：互联网的社群发展新趋势。互联网上的社群发展趋势逐渐向兴趣图谱（interest graph）靠拢。社交网络中兴趣图谱对社交图谱（social graph）的补充会变得更加重要。互联网时代的社群，是由一个个感性的社会人，基于不同的动机、需求，自主创建或自发形成的社群。不同的社群，具有不同的定位和性质。

互联网论道之二十八：社群是基于互联网的新型人际关系。在移动互联网的推动下，人会因为不同的价值观形成不同的区别，在不同价值观的影响下产生不同的内容，并通过互联网免费工具完成连接。所以由价值观、内容、连接三方面构成的社群经济和社群实业，将会成为我国市场中全新的景象。

互联网论道之二十九：社群是一种基于互联网的内容分享模式。移动互联时代，一个人会有很多爱好、身份和标识，他可能生活在很多的社群里，但在同一个社群里的，人们的价值观和审美一定是互为认同的。能够将人从各种不同场合拉到社群里的只有内容，互联网只是提供了一个手段。因此，社群的红利属于内容者，内容（活动）决定社群的层次、属性和黏性。

互联网论道之三十：构建社群 5 步法。

第 1 步：重新定义目标用户群体，确立产品定位。

第 2 步：寻找 100 位 KOL（关键意见领袖）进行产品封测。

第 3 步：策划社群活动，强化身份认同。

第 4 步：构建一套极客文化体系，提升成员专业认知。

第 5 步：社群裂变，培植自组织，布局线下体验场景。

互联网论道之三十一：社群的未来趋势。社群经济造成了社群泛滥，通过社群学习的时代进入到删除社群时代。社交进一步族群化，信息隔阂拉大。社交网络因用户年龄、兴趣等差异化，形成了不同族群。这种族群化的社交现状，一方面使得信息过于在垂直人群中传播，不同社群的沟通难度加大；另一方面也对平台提出了多垂直社群运营的要求。

互联网论道之三十二：商业社群的价值。社群已经成为碎片化知识学习、价值观趋同、信任背书的载体，社群的背后不单只是粉丝和兴趣，还承载了非常复杂的商业生态。第一，社群生态是基于商业和产品的，以互联网为载体跨时间和地域扩散；第二，社群去中心化的属性为企业赢得了品牌信徒和产品信徒，也创建了反馈机制；第三，商业社群生态的根本价值，是实现社群中消费者不同层次的价值满足。

互联网论道之三十三：社群经济。社群经济，是继农业经济、工业经济、服务经济、体验经济之后，融合了当下时兴的网络经济、信任经济、粉丝经济、分享经济的显著特征，出现的全新的经济形态和商业生态。当社群变得无所不在，当社交成为随时随地的生活状态，当线上社交和线下生活能够实时打通，社群就彻底改变了原有的传播逻辑、社交方式、商业规律和营销生态。以社群互动为核心的社群经济迅速崛起。

互联网论道之三十四：社群的最大价值是什么？社群的价值众说纷纭，但是核心是满足人们的精神需求。其实，满足客户的精神需求，这也是企业提供商品和服务的最高境界。现在物质生活已经极大丰富，丰富到很多商品已经过剩了，甚至有人提出，“我们从占有物质中获得幸福感的时代已经过去了”。在这种情况下，商品的使用功能变得不再重要，因为你拥有的功能，我也拥有。未来商业要比拼的是，谁能满足客户的精神需求。

互联网论道之三十五：社群的本质。不同的社群，虽然具有不同的定位和功能，但在性质和类型上，有一定的交叉性和融合性。很多时候，一个社群，往往既是一个产品社群，又是一个兴趣社群，同时也是一个知识社群。一个成功的社群，既能精准满足社群成员特定的个性化需求，又具有丰富的多元价值来增强其吸引力和黏着度。

互联网论道之三十六：社群的生态。社群的背后不单只是粉丝和兴趣，还承载了非常复杂的商业生态。社群生态是基于商业和产品的，以互联网为载体跨时间和地域扩散。社群去中心化的属性为企业赢得了品牌信徒和产品信徒，也创建了反馈机制，而商业社群生态的根本价值，是实现社群中消费者不同层次的价值满足。

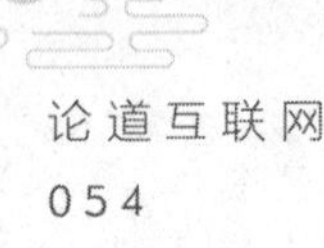

互联网论道之三十七：社群经济。当社群变得无所不在，当社交成为随时随地的生活状态，当线上社交和线下生活能够实时打通，社群就彻底改变了原有的传播逻辑、社交方式、商业规律和营销生态。以社群互动为核心的社群经济迅速崛起。社群经济，是继农业经济、工业经济、服务经济、体验经济之后，融合了当下时兴的网络经济、信任经济、粉丝经济、分享经济的显著特征，出现的全新的经济形态和商业生态。

互联网论道之三十八：社群的价值规则。原来人与人之间讲究的是关系，今后人与人之间讲究的是规则。传统社会的关系网已经被不断撕裂，以价值分配为关系的新的链接正在形成，每个人都是一个节点，进行价值传输。而你所处的地位和层级，是由你所带来的价值决定的。当人人都在讲规则时，道德自然就会兴起。如果你有精力和能力为你认同的规则和道德多做点事，一定要第一时间，第一要务。

互联网论道之三十九：社群 3.0 时代。社群经过 1.0、2.0 阶段的演变，逐步成为以连接一切为目的，社群不仅仅是人的聚合，更是连接信息、产品、服务、内容、商业等的载体。互联网将散落在各地的星星点点的分散需求聚拢在一个平台上，形成新的共同需求，并形成了规模，解决了重聚的价值。

互联网论道之四十：社群精神消费的三要素。社群的精神消费三个关键要素，即存在感、创造力和幸福感。第一，存在感。我们为什么要有集体，为什么要有朋友，为什么要有一个小组织，因为我们渴望重要感和安全感，这是人天然的一个特征；第二，创造力。信息的更新和创新要素的归纳与思考，可提升产品的创造力；第三个，幸福感。在社群精神消费的时代，你的产品应该要能让用户产生幸福感，幸福感来源于连接和贡献。

互联网论道之四十一：如何才能运营好微信群？

如何才能运行好一个充满正能量的优质微信群呢？这是微信群在突破500人后，很快就会面临的严峻问题。虽然“众人拾柴火焰高”，但如果不注意加以引导，这把火很可能会烧到自己。

微信运营的目的在于：通过建立微信群，帮助用户建立起一种习惯，即用社交网络与你的受众群直接沟通。未来，这种方式很有可能成为影响目标市场认知的非常重要、非常有利的营销武器。虽然微信群不一定能够立即带来大量销售额和客户，但如果持之以恒，不断改进，短期内也会收获明显的、可感知的效果。微信群本质上经营的是用户与人脉。

那么到底如何才能运营好微信群呢？

准确地说，关于微信群到底如何运营，目前仍没有最终结论。因为微信群的运营规则和管理办法天天在变，我们要因时而动。但根据微信的基本社交属性和主要功能，我们目前至少可以从以下三点做起。

首先，建立信任。

微信群最大的特点，就是活跃度奇高。在这样一个每天都有新成员加入的社交平台中，信任成为极其稀缺的宝贵资源。也难怪，在我们每天打交道的人中，真正了解和信任的人，又有几个呢？在当今社会，冷漠和猜忌可能已成为很多人保护自己的工具了！

其次，具备“五大要素”。

“无规矩不成方圆。”要想真正运营好一个优质高效的微信群，必须将原本松散、无序的自由结合，打造成为一个精细管理、精心运营的“活的”组织。从管理学角度讲，一个正式组织必须具备四大构成要素：人、共同目标——前提要素、结构——载体要素、管理——维持要素。这四大要素可以分解为家、人、经、管、事“五大要素”。

“家”，即结构——载体要素。微信群本身就是一个“载体”，促进会员互相协调、沟通、互动并交流。需要注意的是，微信群的运营一定要与微信各大功能和其他板块紧密结合，如语音对讲、朋友圈互动等。

“人”，即组织中的“人”，此处更多地指微信运营者。即使是一个虚拟世界的“家”，也必须有“人”。由于时间碎片化和及时互动性，微信群的运营不能只靠一个小编或者群主，最好有一个相互配合、分工明确的团队。唯有如此，微信群才会迅速启动起来，也更容易热闹起来。

“经”，即共同目标——前提要素。作为组织，必须拥有一个或多个明确的目的或目标。群目标和目的要分层次，也必须为广大成员所认同。这些是微信群存在的根本理由。建群一定要有目的，运营群则一定要有主张、有观点、有态度、有价值。

“管”，即管理——维持要素。“无规矩不成方圆。”为了实现目的和目标，微信群须拥有一套计划、控制、组织和协调的流程。坦白地说，就是一个优质高效的微信群需要有一套严格的管理、规范和秩序。微信群必须坚持自由性和约束性相结合，在自由入群的前提下，维持一定的纪律性和约束性。只有管理执行到位，才能保证微信群的优质高效，才能确保价值观认同，并找到适合的人。

“事”，即围绕着“经”开展的有效主题。很多群建立了以后，由于不善经营或无心经营渐成死群。真正优质高效的微信群，更应该是一个蕴含巨大能量的自媒体。有些大家熟知的微信公众平台与朋友圈，由于互动与活跃度的原因日益没落。因此，微信群运营的核心在于：借助这一平台，在坚持正确的价值导向与原则方向的前提下，合理分工、组织有序地开展一个个主题运营，而对于破坏整体组织与集体团队的行为则要及时劝退。

此外，要运营好微信群还必须遵循“四度”原则：温度、态度、频度、鲜度。温度，是人存在的一个重要标志，表现在对群成员的关注和责任感投入上，要“将心比心”。态度，即价值观或情怀。一个群就是一个组织，要有态度、有观点、有主张，要永远讲正能量；频度，即保持一定规律的频度，形成行为训练、养成习惯；鲜度，即时效性强，快速反应。相比于公众平台和朋友圈，微信群最大的特点就是实时互动，这就要求快速反应，紧贴时事。此外，考虑到微信群的社交平台属性（而非媒体），未来微信群有望可以缓解“微信十条”对微信的整体冲击。

最后，“三步走”。

前面讲了微信群运营的“五大要素”，其中前四点均集中介绍建立和管理微信的基本原则与方法，接下来围绕着“事”，主要谈谈微信群运营的“三步走”战略。

第一步：冷群启动。冷群启动以运营者为主，运营者要敢于在舞台上表演作秀，让微信群成员有戏可看并能够相互呼应。

第二步：互动产生。如果熬过了惨淡经营的“冷群启动阶段”，第二步就水到渠成了。在人类行为学中，有一个特征叫作“十四天养成一个习惯”，因此在这一步，尤其要注意有频率有规律地培养群成员的互动习惯。在具体方法上，不仅要善于利用发红包的形式，更要善于集中和运用集体的智慧与能力。未来，甚至不排除微信群才是众智、众筹、众包的最佳可能途径。

第三步：组织裂变。“罗马不是一天建设成的。”你永远都无法完全覆盖所有的客户和用户，无论从数量、规模还是地理区划来讲，一个群永远不可能实现一网打尽。因此，除了群里显而易见的共性之外，作为运营者还应尽可能地照顾群里的个性需求。这就自然而然地产生了微信群的组织裂变需求，即从一个大群裂变出一个个小群的需求。一个典型的例子就是以地域为核心，按照“分公司”或“分论坛”的形式，不断孵化出一个个具有生命有机体的微信分群。

第四章
共享经济与分享经济

【定义】 共享经济，一般是指以获得一定报酬为主要目的，基于陌生人且存在物品使用权暂时转移的一种新的经济模式。其本质是整合线下的闲散物品、劳动力、教育医疗资源。有的人认为，共享经济是人们公平享有社会资源，各自以不同的方式付出和受益，共同获得经济红利。此种共享更多的是以互联网作为媒介来实现的。

分享经济，是指将社会海量、分散、闲置资源平台化、协同化地集聚、复用与供需匹配，从而实现经济与社会价值创新的新形态。分享经济强调的两个核心理念是“使用而不占有”（Access over ownership）和“不使用即浪费”（Value unused is waste）。

【解释】 共享经济这个术语最早由美国得克萨斯州立大学社会学教授马科斯·费尔逊（Marcus Felson）和伊利诺伊大学社会学教授琼·斯潘思（Joel Spaeth）于 1978 年发表的论文 *Community Structureand*

Collaborative Consumption：*A Routine Activity Approach* 中提出。其主要特点是，拥有一个由第三方创建的、以信息技术为基础的市场平台。这个第三方可以是商业机构、组织或者政府。个体借助这些平台，交换闲置物品，分享自己的知识、经验，或者为企业、某个创新项目筹集资金。该经济模式牵扯到三大主体，即商品或服务的需求方、供给方和共享经济平台。共享经济平台作为连接供需双方的纽带，通过移动 LBS 应用、动态算法与定价、双方互评体系等一系列机制的建立，使得供给与需求方进行交易。

分享经济包含三部分内容：一是分享的标的物。主要是海量、分散的闲置资源，包括闲置物品、碎片时间、认知盈余（未被充分使用的知识与专长、技能和经验、关系与服务）和资金盈余、闲置空间与公共服务。海量指资源的广泛性及其庞大的数量，分散指多数来自未被整合协同的个人资源或者是信息不对称的沉没资源。二是实现的方式。基于互联网、ICT（信息通信技术）、云计算、大数据等，构建平台，形成规模与协同，以更低成本和更高效率实现经济剩余资源智能化的供需匹配。这是分享经济 2.0 的核心。三是实现的结果。分享经济平台可以使得前述闲置资源实现经济价值与社会价值的创新。过去大量的资源并未进入到价值创造的体系，同时分享经济可以在可持续发展、生态、就业、协作、文化等方面产生积极正面的影响。此外，分享标的具有私权或公共服务属性。

典型创业案例

一、丸子地球：让环球旅行变得更容易（定位：旅游服务）

最新融资：2016 年 1 月完成数千万元的 A 轮融资，阿里巴巴为战略投资方，苏河汇、五岳天下和银杏谷资本跟投。

案例概述：丸子地球为用户提供个性化的陪游服务，成为撮合用户和业余导游的第三方平台，做细分旅游服务领域的淘宝，其不涉及旅行中的机票和酒店，而是直接对接目的地地接市场，提供包括当地留学生、华人华侨或者本地人的中文导游。游客可以在该平台与旅游目的地的向导对接，并由向导提供个性化的接机、翻译、陪游等服务，以及制订更有特色的旅行计划。目前丸子地球的业务已覆盖了 50 多个国家、500 多个城市，海外接地导游多达两三千人。该商业模式依靠一个由第三方创建的、以信息技术为基础的市场平台而完美打造。

二、管家帮：以精细化服务杀入家政 O2O（定位：家政服务）

最新融资：2016 年 5 月管家帮获 1.2 亿元人民币 B 轮融资，并由之前自营 B2C 垂直服务商积极往家庭服务综合平台转型。

案例概述：管家帮是一家会员制家庭服务平台，业务由单一的客户对接变为管家持续跟进服务。管家帮免费为用户提供解决方案及建议决策，用户只需为自己所选择的服务付费，管家帮提供小时工、保姆、育儿嫂、蔬菜配送等服务人员。目前除在北、上、广、深等一线城市外，在杭州、天津、武汉、南京等多地均有布局。该创新不仅拥有一个由第三方创建的、以信息技术为基础的市场平台，而且还通过移动 LBS 应用、动态算法与定价、双方互评体系等一系列机制的建立，使得供给与需求方通过共享经济平台进行交易，来使这个项目更加便利、完美。

三、滴滴出行：中国知名的一款免费打车平台

嘀嘀打车被称为手机“打车神器”，是受用户喜爱的“打车”应用。目前，滴滴已从出租车打车软件，成长为涵盖出租车、专车、快车、顺风车、代驾及大巴等多项业务在内的一站式出行平台。其前身是小桔科技创办的滴滴打车。小桔科技是腾讯投资的一家移动互联网公司，致力于移动交通的发展，为乘客提供便利。

战略目标：滴滴出行最终的战略目标是搭建一套完整的生态体系，在其强大的大数据分析和应用能力的支持下，未来滴滴将成为一个巨型 O2O（线上到线下）平台，链接一切与出行相关的资源，满足多个应用场景需求。而出行是个很大的范围，有海陆空多种交通工具，还有客运与货运之区别。滴滴方面未透露平台的具体构想，“我们正在依托大数据挖掘和应用驱动公司走向新征程。”滴滴

CEO（首席执行官）程维表示，滴滴的梦想是建设一个中国人领导的、全球最大的一站式出行平台。

滴滴总裁柳青表示，平台有其规模效应：随着平台上乘客和订单的增长，司机的接单率和收入也会随之增长，同时降低了乘客的等待时间和单次出行成本，这会形成一个正循环，促使提高司机效率和运力以及多样化的服务供给，从而进一步缩短乘客等待时间和成本，提高服务可靠性和提升体验。更重要的是，平台化的商业模式将会产生显著的协同效应，能够提供给乘客全套的出行解决方案、更短的出行等待时间和更低的成本，最终保证一个较高的乘客留存率；而对司机而言，平台提供了跨业务转换的选择，提供给他们高黏性的乘客和更高的收入。

四、FreeBao- 微鸟：标准课程 + 在线社交的语言学习平台（定位：在线教育）

最新融资：2016 年 6 月获得北京某机构约 1 000 万 Pre-A 轮融资。

案例概述：微鸟现在提供中英文的标准化教学，贴合移动端教学的新趋势，利用自主研发的教材，聘请资深的雅思考官和中文教师进行授课。同时，课程如 Uber 一样随到随学，在教辅方面与英孚合作，保证纯正的英语教学效果。还融合了英、日、韩、俄、法等 11 国语言的强大数据算法，可实现聊天记录的即时翻译。目前微鸟的业务分为标准在线课程和 11 国语言自由聊两大板块。官方公布的数据显示，微鸟现注册用户达150万左右，平台日活量在1万上下。

商业模式分析

“共享经济”，通俗来说，就是“不为所有，但为所用”。就是公众通过社会化网络平台，分享各自所拥有的闲置资源，帮助其他有需求的人完成消费。这种全新的商业模式正在改造传统行业，并影响和改变着传统消费观念。近几年我国经济增长持续下行，在传统增长模式难以为继的情况下，需要培育新的增长点，共享经济是值得关注的领域。在共享经济模式下，人们租或者借一种商品和技能，而不是通过购买所有权来享受其提供的服务，闲置资源的使用率得以提高。如今共享经济在交通出行、短租住宿等领域如火如荼，各个生活服务细分市场冒出来一批基于共享经济的O2O服务。

分享经济快速崛起，已经覆盖了生活服务、生产能力、交通出行、知识技能、房屋住宿、医疗分享、资金分享等领域。作为最活跃的创新业态，分享经济有力驱动着资产权属、生产组织、服务供给、就业模式和消费方式的变革。2017年以来，鼓励分享经济发展的国家政策陆续出台。在信息化发展、放管服、市场监管、创新创业等领域新出台的政策文件中，多处涉及“发展分享经济”。2018年两会前，国家发改委就《分享经济发展指南》征求意见，提出了允许和鼓励各类市场主体积极探索分享经济新业态新模式、加快形成适应分享经济特点的政策环境、鼓励创新监管模式等规划布局。

互联网论道之四十二：共享经济将颠覆世界上所有的商业模式。当全球经济增长持续下行、微利化成为行业常态的时候，边际成本最小化就会成为商业模式的根基，共享经济就会颠覆传统商业思维！

互联网论道之四十三：共享经济时代最大的特征。共享经济时代最大的特征就是：通过协同，实现共享。计划经济的本质是公有制，市场经济的本质是私有制，而共享经济的本质是私有制加公有制。共享经济，将会真正引领人们解决私有制所形成的财富结构不合理、财富分配两极化的社会问题。拿什么协同？资本、资产、资源、知识、技术、信息……任何你所拥有的有价值要素，都可以协同。通过要素资本化，实现要素价值化，进而收益化。

互联网论道之四十四：什么是分享经济？分享经济主要是指利用网络信息技术，通过互联网平台将分散资源进行优化配置，提高资源利用效率的一种新型经济形态。分享经济正在加快驱动资产权属、生产组织、服务供给、就业模式和消费方式的变革，代表着当前和今后一段时期新的发展方向。分享经济强调资源集约利用和信用约束，倡导协同生产和按需使用的理念；强调供给侧与需求侧的弹性匹配，实现动态及时、精准高效的供需对接；强调消费与生产的深度融合，形成人人参与、人人享有的发展模式。

互联网论道之四十五：时间、隐私、信用、钱币是分享经济的四种货币形式。分享经济的本质包括两方面，一是剩余物质确实有价值，另一个是群体内存在分享利用的欲望。利用社群进行分享，就是在有共同价值认同的群体中，每人贡献少量财富，来集中帮助群体中的任何成员抵御风险。

互联网论道之四十六：分享经济的六大特征和六大驱动力。分享经济的六大特征：技术特征是基于互联网平台；主体特征是大众参与；客体特征是资源要素的快速流动与高效配置；行为特征是权属关系的新变化；效果特征是用户体验最佳；文化特征是“不求拥有，但求所用”。分享经济的六大驱动力：用户需求的提升，提高收入的意愿，信息技术的推动，消费理念的转变，灵活就业的追求，资本市场的热捧。

互联网论道之四十七：C2C（个人与个人）分享经济。使用权的分享是分享经济重构价值路径的根基。例如，房子和车子是一个家庭中占比最大、最重要的资产，传统经济模式下，首先要占有房子和车子，才能够使用，即所有权优先于使用权。C2C 分享经济模式下，基于互联网平台把过去传统社会闲置，甚至被轻视、忽略的社会资源与生产要素组合起来，重新激活，直接打通了供给和使用两端，使社会资源得到最大限度的优化配置，从而形成改变社会的新的关系结构，并由此产生一系列新规则。

互联网论道之四十八：分享经济的本质。分享经济模式下，分享是由陌生的供需方个体来实现的，这种模式的宝贵之处在于打破了社会关系中熟人之间强连接的限制，将分享关系扩大到弱连接的陌生人群体之中，形成了陌生人之间的独特社交体验和协作关系，促进了社会资源在更大范围内的充分流动。因此，分享经济是一种建立在陌生个体关系之上的信用经济。

第五章

网红经济

【**定义**】网红经济通常是以一位年轻貌美的时尚达人为形象代表，以红人的品位和眼光为主导，进行选款和视觉推广，在社交媒体上聚集人气，依托庞大的粉丝群体进行定向营销，从而将粉丝转化为购买力的一种商业模式。

【**解释**】网红，网络红人的简称，在中国一度是个贬义词。但是，要成为一个名副其实的网络红人，单单在社交平台上拥有大量粉丝是不够的，还要有一间商品热销的淘宝店铺。

典型创业案例

一、网红一次元时代：匿名 ID

阶段：一次元

身份：匿名ID

主要工具：文字

文化特征："没有人知道你是一条狗"

代表人物：老榕，安妮宝贝，今何在，唐家三少，天下霸唱，南派三叔等

时间起点：1997年

主要平台：BBS（天涯、猫扑）和文学网站（起点中文网、榕树下）

1996年BBS开始在中国流行，网红一次元时代指从1996年开始到博客出现之前的2003年这段时间。这个阶段还没有明确的"网络红人"概念，但他们都有另一个共同的名字——网络写手。

1997年球迷老榕一篇发在四通利方上的文章48小时内收获数万点击量，便无意开启了初始的网络红人的ID模式，以网络黑通社和网络留言社为代表的ID，将米姆现象[①]发挥到了极致。自新浪BBS后，天涯论坛、猫扑论坛等都先后成为孕育网红的沃土。

随着网络文学的崛起，许多BBS写手开始转战专业的文学社区，起点中文网和榕树下等一大批文学网站也捧红了很多人。2000年前后的安妮宝贝、宁财神、今何在，2004年以后的唐家三少、天下霸唱、

---

① 米姆现象：米姆是英文"Meme"的汉译。作为一种流行的，认衍生方式复制传播的互联网文化基因，米姆最初诞生时具有匿名作者，较低娱乐性等特征。

南派三叔等人都是这一时期的网红代表。网络文学的蓬勃推动了第一代网红的成长。

从 BBS 到网络文学社区，第一代网红经历了内容创业的商业化过程。

二、网红二次元时代：草根红人

阶段：二次元

身份：草根红人

主要工具：图片 + 文字

文化特征："有图有真相"

代表人物：木子美，芙蓉姐姐，天仙妹妹，西单女孩，奶茶妹妹，凤姐等

时间起点：2003 年

主要平台：博客，BBS（天涯、猫扑、水木清华、北大未名）

2003 年博客在中国开始流行，网络红人也开始进入"二次元时代"。一位 ID 名为木子美的女编辑在博客上连载自己的日记《遗情书》，一夜爆红。

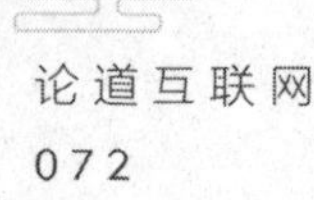

2004年一位将照片上传到水木BBS和北大未名的女子“芙蓉姐姐”红遍了网络，她凭借其夸张的动作和超出寻常的自信，在收获大众热议的同时，也让“网络红人”这个名词正式走入大众视野，也使得以图片为主要形式的草根红人密集出现。

此后，网红背后开始出现推手团队的影子。普通人写写生活经历，发几张极美图或爆丑图，说几句雷人言论，或者被别人拍了照片发上网，都可以成为一夜爆红的理由，这往往是推手运作的结果。

当时的推手还是小团队作战，后来随着市场的高速发展，业务快速扩大，客观上有了批量制作的需要，“水军”开始出现。先入行的推手成立了专业公司，演化出网络水军模式，使得以芙蓉姐姐、天仙妹妹、西单女孩、奶茶妹妹、凤姐、犀利哥为代表的一系列各类“姐姐妹妹、哥哥弟弟、女孩男孩”现象层出不穷，水军一度成为网络品牌传播的利器，开启了粉丝营销时代的大门。

三、网红2.5次元时代：段子手+电商模特+知名ID

阶段：2.5次元

身份：段子手+电商模特+知名ID

主要工具：短文字+图片

文化特征：“认真你就输了”

代表人物：段子手（天才小熊猫，谷大白话，留几手）；电商模特（赵大喜，张大奕，雪梨）；大 V（陆琪，吴晓波，占豪）等

时间起点：2010 年

主要平台：微博，微信

移动互联网是网红发展的意外催化剂。在 2.5 次元，陆续诞生了段子手、电商模特和知名 ID。

随着 2009 年移动应用的流行，几乎陷于绝地的短信写手借助于微博东山再起。短文字 + 图片的组合形式催生了新的网红代表群体——段子手。段子手几乎涵盖内容生产的多种形式和领域，包括时尚、音乐、八卦、趣闻、萌宠、吐槽、星座等多种类型。天才小熊猫、谷大白话、留几手、回忆专用小马甲等人都是从微博平台上涌现出的段子手。2012 年推出的微信公众平台，也为段子手提供了新的推广平台。

微博和微信的流行为另一类网红提供了平台，即电商模特，她们是通过电商平台变现的排头兵。2015 年“双十一”期间，女装 C 类店销售前十名的店铺中，有 5 家的店主是网红。第一名张大奕单日销售额达到 6 000 万元，其他店铺也均突破 2 000 万元。像张大奕这样的电商模特还有很多，赵大喜、周扬清、雪梨、张林超、黄粲、于梦娇等人都是这一时期的典型代表。

大 V 也是借助微博微信平台走红的受益者，在博客时代很多知

名 ID 积累了一定的影响力，在微博和微信时代得到爆发。除了超级大 V 博客女王徐静蕾，还涌现出时政评论的占豪、生活思考的灼见、股市评论的老王等一批知名 ID，他们在微信和微博平台获得广泛关注，粉丝数量达到几十万，每篇文章的阅读量多在 10 万以上。

四、网红三次元时代：网络主播

阶段：三次元

身份：网络主播和短视频播客

主要工具：视频

文化特征："有视频才有真相"

代表人物：网络主播（Miss，小苍，若风，小智），视频播主（Papi 酱，谷阿莫，艾克里里）

时间起点：2014 年

主要平台：直播平台，视频 APP，微博

移动宽带 4G 快速普及导致 2014 年视频类应用扎堆出现。网红也随之进入视频为王的三次元时代。大牌明星的一次演唱会，最多吸引几万人。而网红的一次网络主播，粉丝规模可达几十万人，这是视频主播发展的强大动力所在！于是，大量社会资源涌入直播行业。

五、网红创业一次元时代：拼内容，斗才智

主要类型：网络写手

人群：男性为主

变现模式：依靠内容的传统线下模式

主要方式：出书，作品衍生品，转型成为作家、撰稿人、编剧、媒体编辑等

商业模式分析

利用粉丝效应刺激消费者的购买动机。消费行为认为动机是“引起个体活动，维持已引起的活动”，并促使活动朝向某一目标进行的内在作用。人们从事任何活动都由一定动机所引起。而引起动机的条件有内外两类——内在条件是需要，外在条件是诱因。需要经唤醒会产生驱动力，驱动有机体去追求需要的满足。网红对其粉丝群体消费动机进行外部刺激，唤醒粉丝的潜意识需求，产生驱动力从而驱使个体采取购买行动。在网红经济下消费者产生的具体动机属于模仿动机。模仿动机在消费行为学中是指消费者在购买商品时不自觉地模仿他人的购买行为而形成的购买动机。从人的角度去考虑，模仿是人的一种本能，分为有意识模仿和无意识模仿。网红正

是利用了粉丝对其的喜爱和拥护，先自己使用产品，这就在无形中展示出了自己的产品，增加了产品的知名度。其最终目的是让粉丝在无意识地模仿网红时，也无意识地去使用他们的产品。网红经济淡化了广告的概念，让流行变得可控与科学，利用互联网普遍性快速地提升知名度。以粉丝效应刺激粉丝的购买动机从而使粉丝成为自己产品的消费者。网红经济的基本模式和互联网的发展是分不开的，是互联网造就了网红经济的产生，可以说没有发达的互联网就没有如今的网红经济。网红经济的基本模式是：由资本对网红进行团队建设和管理，网红利用自身对于网民追随者的独特吸引力，将网民的消费需求导流到电子商务平台中去，由厂家对商品进行个性化定制的生产、供应、销售和售后服务等环节，网红从中抽取广告费和一定比例的利润等。

互联网论道之四十九：网红。网红是网络红人的简称，特指在微博、微信、直播等新媒体平台上，以人像为基础，拥有一定量的社交资产和个人知名度、具备变现能力的人或者新媒体账号。他们通过持续原创内容生产，积累大量粉丝和超高人气，输出生活方式和价值观，拥有属于自己的粉丝群。

互联网论道之五十：网红的发展趋势。①现阶段的网红经济是“注意力经济”，未来应该提高到“影响力经济”。②未来的网红发展趋势一定是专业化、机构化、产业化。③网红要从“注意力网红”升级为“价值型网红”，个人要成为品牌，成为IP。现在某些依赖各种平台的网红，其实产生不了价值，过一段时间一定会被淘汰。

④未来的网红可能有两种，一种是自有品牌的超级网红，另一种是网红经纪公司运营的网红。

互联网论道之五十一：网红经济。网红为什么能挣钱？网红赚的是你对他的情感方面的投入，你喜欢他，因此你愿意为他付出溢价，而不仅仅是付出成本价。但事物都是相互的，你对网红的情感投入是建立在网红对粉丝进行情感投入的基础上。在这点上，网红经济实际上是一个追求平衡的“情感经济”。由此可总结一句话，战术的极致是战略，内容的极致是价值。

互联网论道之五十二：直播产业化的变化趋势。粉丝经济时代，直播已经形成商业模式，专业咨询类、知识技能类和竞技比赛类直播占据直播付费的前三位。未来直播会继续向垂直领域渗透，直播 + 教育、直播 + 体育也将不断成熟。直播会因此发展为一项产业，产业链复杂度、平台承载的内容和造星能力将全面提升。直播产业化后将催生大量内容，带来以下变化：①直播社交化，借助用户社交筛选内容，过滤低质量信息；②实用性内容越来越重要，用户愿意为这些内容付费。

互联网论道之五十三：第一代网红可以是 2007—2010 年，以淘麻豆（淘女郎）和罗玉凤（微博大 V）为代表；第二代网红可以是 2009—2015 年，以 YY、六间房平台的秀场主播和王思聪（以王思聪介入电竞行业开始）为代表；第三代网红是 2016 年，其特点是短视频主播、直播业主播取代网络写手，以 papi 酱、罗休休为代表。

互联网论道之五十四：如何做好粉丝经济？①要把粉丝数据化，用大数据和人工智能系统来管理与服务粉丝，当然这是针对大公司拥有海量粉丝的情况；②要将粉丝社群化，企业要有专人将粉丝组织起来，做线上甚至是线下的互动，增加粉丝的黏性；③要对粉丝进行二次、三次分类，在分类的基础上对粉丝进行二次、三次开发，粉丝中的专家，可以聚合起来，作为企业的设计、营销顾问，粉丝中的土豪，可以聚合起来，作为产品的"标杆"用户……

互联网论道之五十五：粉丝吸星大法总结。吸星大法第一式："争吵"，人们天然关注争斗，这是天性；吸星大法第二式："揭秘"，窥探是人的本能，制造出"秘密"让人窥探，这是最重要的娱乐机制；吸星大法第三式："游戏"，在产品营销或使用的过程中设计游戏的成分，这是爆炸性的促销模式；吸星大法第四式："知识"，将一些时尚热点知识提炼出来进行解析，拨开迷雾，通过数据给出理性决策依据；吸星大法第五式："连续"，内容极致，引起共鸣，分次递进。

互联网论道之五十六：IP 经济。短短几年，不仅 IP 价格翻了成百上千倍，而且改编授权的天价依旧不断被刷新，凡是想涉足文创和泛娱乐产业的，都把 IP 当作制造商业奇迹的药引。不是所有 IP 都叫 IP，真正的 IP 背后必然拥有高黏度、高忠诚度且规模庞大的粉丝群，这正是撬动泛娱乐产业的粉丝经济的基石。

互联网论道之五十七：IP 含金量的三个标准。IP 含金量公认有三个标准，即流量、付费忠粉和粉丝结构。①流量，即IP的影响力和覆盖面。既要解决“叫好”——知名度的问题，也要解决叫座问题，就必须拥有可观的“付费忠粉”。②IP是粉丝经济，忠粉才是核心。③粉丝结构，包括地域、性别、年龄、职业收入及喜好等，核心粉丝群的结构特征，决定了IP是否适配下游市场，以及适配哪个市场。

互联网论道之五十八：企业进入IP时代。互联网时代下的消费者，正在从功能消费向精神消费过渡。所以，解决用户的精神饥渴是精神商业的最大机会。在精神消费时代，充分运营用户的精神层面的刚性需求是企业生存和发展的必要条件。所以，社群思维是这个时代的高阶思维。因为只有具有社群思维的人和企业才有可能真正读懂这个时代的用户，才有可能孵化出他们要的产品。所以，任何一家企业，不论什么属性，首要任务是营造IP，不会做IP的企业，是没有任何生存价值的。

互联网论道之五十九：IP营销。IP是指能够仅凭自身的吸引力，挣脱单一平台的束缚，在多个平台上获得流量，进行分发的内容，它是一种“潜在资产”。落到流行于当下的内容形式而言，它可以是一句话，一个概念，一个人，一个公众号，一个名字，一个表情包，一个类似于papi酱、咪蒙一样的网红。

互联网论道之六十：IP营销的本质。就本质而言，IP营销中IP一词再泛化，它的内核仍旧是“智力劳动成果”，它终究摆脱不出作为“内容”该具有的必要元素。必须坚持两条标准看待IP营销：

①是否为有多元化开发能力的原创内容源；②对于特定人群，是否具备影响力。

互联网论道之六十一：2018 年互联网的三元模式。过去互联网是内容 + 渠道的二元的行业，渠道为王、内容为王，其实这是一个鸡生蛋、蛋生鸡的故事。但是从 2018 年开始有一个巨大的变化，IP 出来了，流量的游戏规则从二元变成三元模式。谁跟这个流量最息息相关？2016 年最息息相关的是内容，2017 年最息息相关的是渠道，2018 年最息息相关的是 IP。博弈从内容、渠道二元变成 IP、内容、渠道三元。

互联网论道之六十二：2018 年互联网的头部竞争。2018 年除了 IP 为王，还有一个确定的现实就是头部会越来越“头部”。头部包括了头部公司、头部 IP、头部内容。例如，偶像是艺人领域的头部 IP，头部 IP 就是流量。以前可能渠道是流量，也可能内容是流量。但现在头部 IP 才是流量。从股票市场的市值，从大的投资机会，到创新的能力，各方面都是看头部的公司、头部的产品、头部的团队、头部的资本，一切都是头部的。

互联网论道之六十三：如何打造自己的 IP？

互联网推进中国社会化媒体不断向前发展。现今，60 秒内中国社会媒体都会有巨大变化（图 5-1）。在这飞速发展时代，为什么要打造自己的 IP？怎么打造自己的 IP？

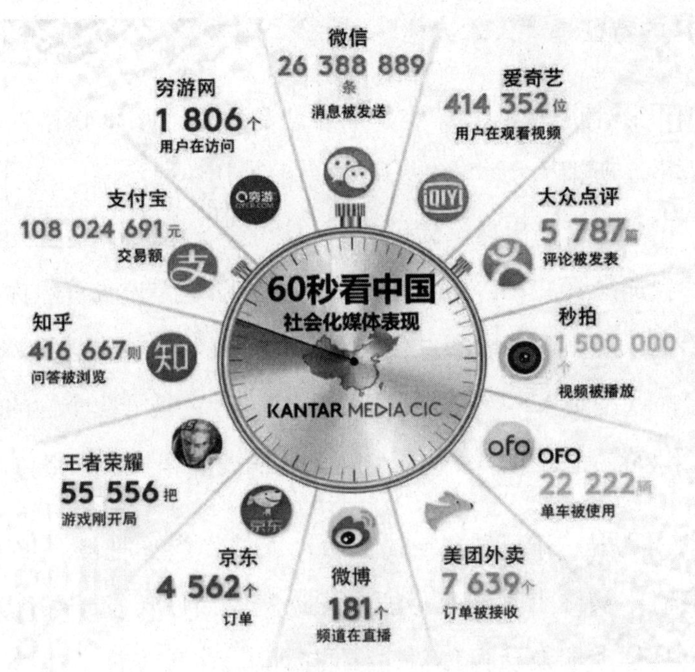

图 5-1　60 秒看中国

1. 什么是 IP？

IP 英文全称为“intellectual property”，其原意为“知识（财产）所有权”。现今其内涵在商业和资本方面已经有了无限的外延，IP 被引申为“可供多维度开发的文化产业产品”。

IP 可以是漫画作品、文学作品、原创短片，甚至一个概念（图 5-2）。一个好的 IP 极具商业价值，它可以后续衍生为电影、电视、游戏、音乐、动漫、文学、周边创意等娱乐产品。

图 5-2　什么是 IP

2. IP 的特征是“人本人格”

品牌不一定是IP，IP 一定是品牌。品牌是“物本物格”，IP 则是人本人格。所谓“物本物格”，就是小到几块钱的水，大到几十万的奢侈品，是从产品出发，凭借产品的功能、属性找到对应的消费人群，然后叠加品牌文化。而“人本人格”，则是因为我喜欢你、认同你，所以我认可你做的事情，你的东西我会买。像罗辑思维、papi 酱的衍生产品，都是人本人格的 IP 产物。IP，一定是鲜明个性的表达，需要赋予产品一个鲜明的价值观，即让产品或品牌具有人格化。

IP 的闭环是：IP= 内容 = 社交币 = 人格。当你把漂亮的自拍上传朋友圈时，实际上是想赢得朋友的点赞；当你转发一条优质的视频时，也是想让朋友认可你对生活的品位。这其实就是在用内容换取大家对你的品位、美的认知的认可，也就是人格的认可。 所以，打造 IP，就是打造人格，未来 IP 化的教师需要首先树立人格。

3. 如何打造个人的 IP 品牌?

要打造个人 IP 品牌，需从找定位、练内功、做内容、扩影响这四方面入手（图 5-3）。

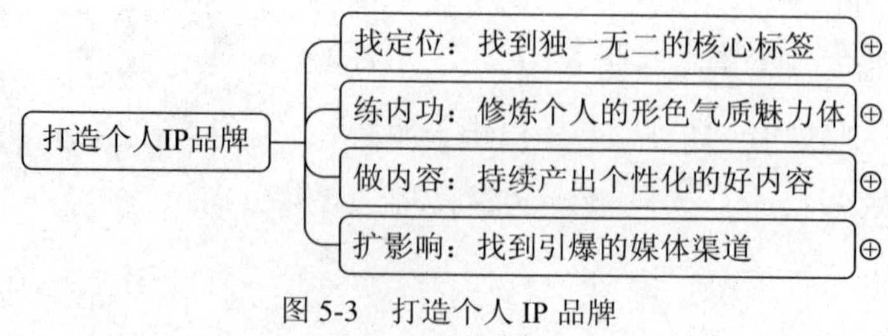

图 5-3　打造个人 IP 品牌

（1）找定位。在做人物 IP 品牌定位时，可从三点入手：第一，找独特性，要么成为最独一无二的你，要么跨界成为二八现象中的 20%；第二，找差异化，人无我有、人有我多、人多我精的技能是什么；第三，找到用户的痛点，解决痛点，满足其需求。具体可以从图 5-4 所示做起。

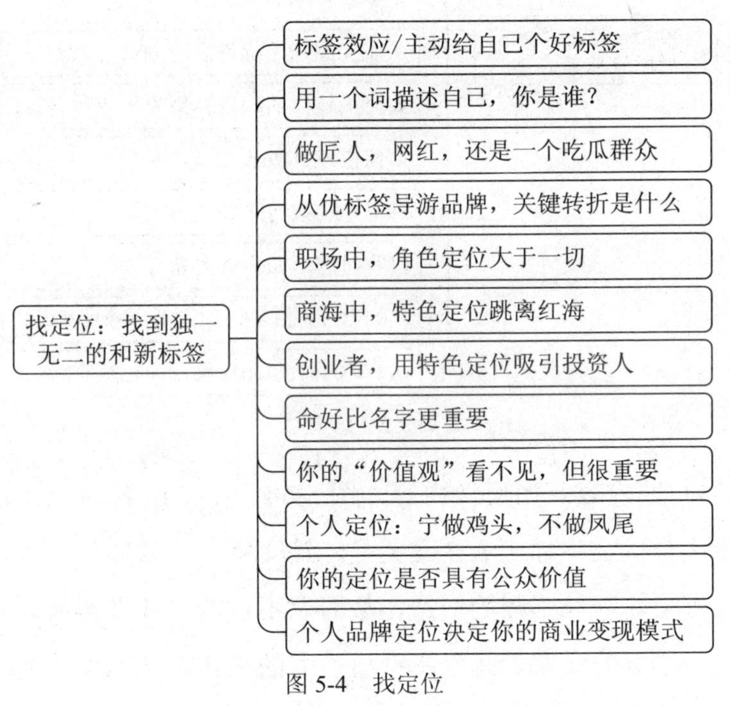

图 5-4　找定位

（2）练内功。要积累粉丝，你需要练哪些内功？推荐给大家 5 个积累粉丝的小技巧。①朋友圈引流，先用好您的一度人脉；②用好社群，要有自己的专业社群；③通过微博、知乎、百度知道、今日头条和简书等平台引流；④内容涨粉，靠爆文，还要靠形式新颖；⑤联盟发展。图 5-5 重点介绍了如何修炼个人的形色气质魅力体。

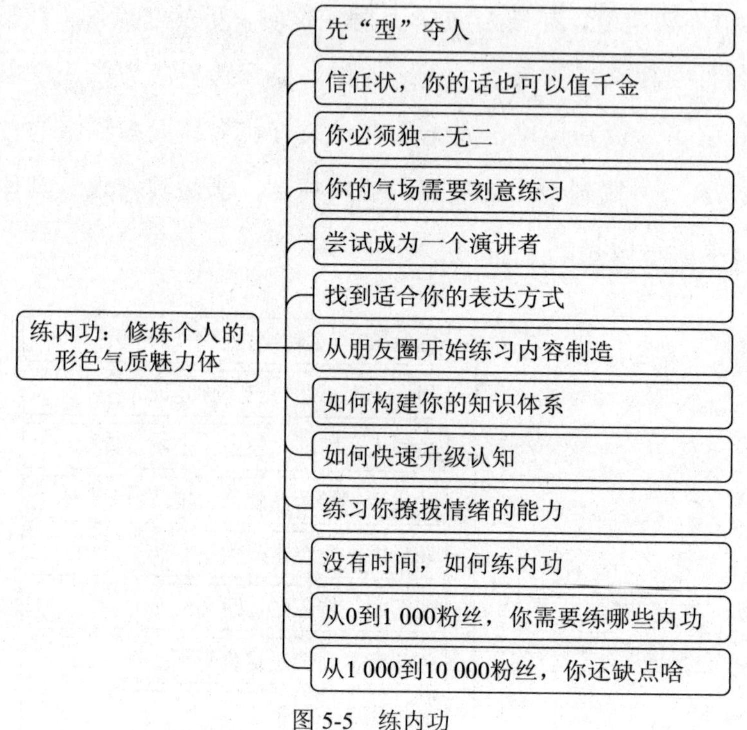

图 5-5　练内功

（3）做内容。如何做内容，图 5-6 给出了 15 种方法。那么，到底什么样的文案才走心？文案是一篇文字，一张照片，或者一段视频，可唤起粉丝强烈的情绪，从而忍不住购买或者传播你和你的产品。一个好的文案，是坐在键盘后面的销售。那怎样才能写出走心的文案呢？①呼应消费者的信念；②共鸣粉丝的情绪；③满足粉丝的渴望。

（4）扩影响。图 5-7 给出 11种扩影响的方法，重点解释一下如何让个人品牌走到线下。要让个人品牌走到线下，让个人品牌具有权威性，应做到以下五点：第一拥有头衔标识，第二拥有着装标识，第三拥有身份标识，第四拥有资历标识，第五拥有专业标识。综合打造自身的信任状，普通人也会慢慢具备名人效应，赢得大众的广泛认同。

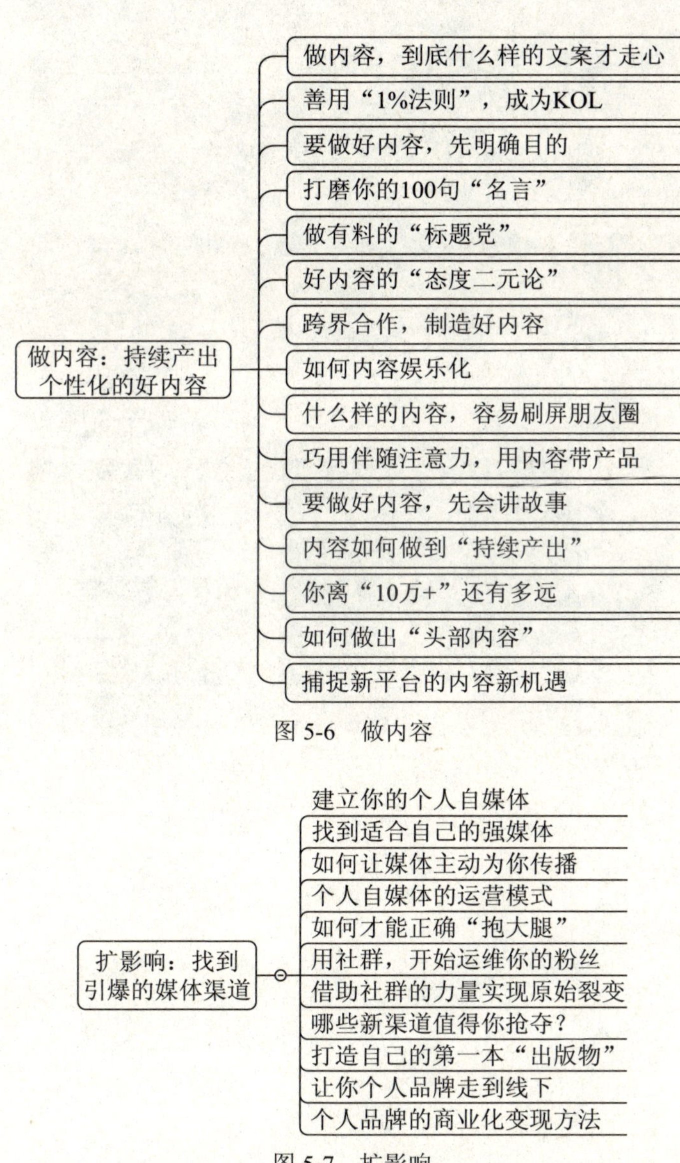

图 5-6　做内容

图 5-7　扩影响

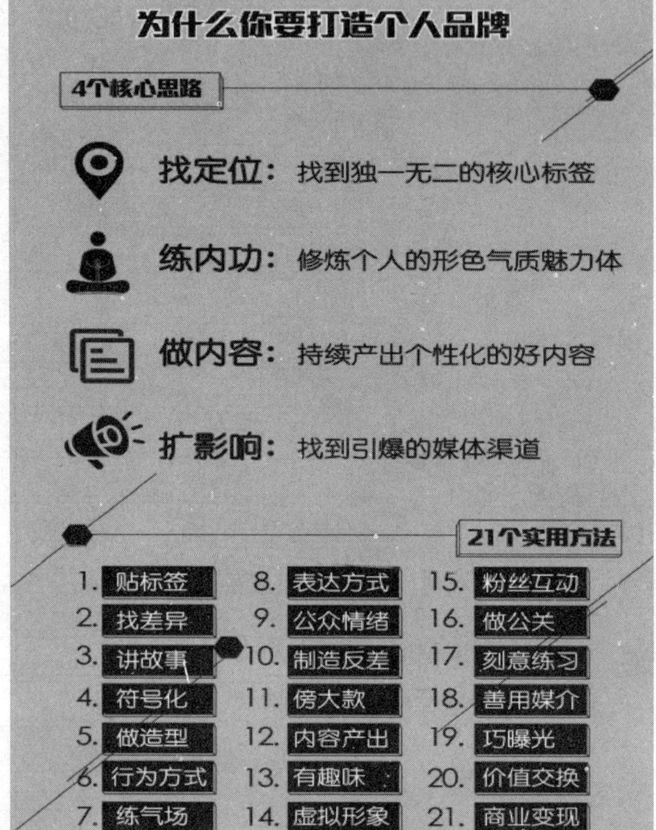
为什么你要打造个人品牌
4个核心思路
找定位：找到独一无二的核心标签
练内功：修炼个人的形色气质魅力体
做内容：持续产出个性化的好内容
扩影响：找到引爆的媒体渠道
21个实用方法
1. 贴标签
2. 找差异
3. 讲故事
4. 符号化
5. 做造型
6. 行为方式
7. 练气场
8. 表达方式
9. 公众情绪
10. 制造反差
11. 傍大款
12. 内容产出
13. 有趣味
14. 虚拟形象
15. 粉丝互动
16. 做公关
17. 刻意练习
18. 善用媒介
19. 巧曝光
20. 价值交换
21. 商业变现

第六章

品牌与定位

【定义】品牌定位是指企业在市场定位和产品定位的基础上，对特定的品牌在文化取向及个性差异上的商业性决策，它是建立一个与目标市场有关的品牌形象的过程和结果。换言之，品牌定位即指为某个特定品牌确定一个适当的市场位置，使商品在消费者的心中占领一个特殊的位置，当某种需要突然产生时，消费者能够想到它。如在炎热的夏天突然口渴时，人们会立刻想到某种品牌的饮料。

【解释】品牌定位是品牌传达给消费者“产品为什么好” 以及“产品与竞争对手的不同点”以吸引消费者购买的理由。这种理由必须直观，使消费者理解和接受。虽然最初是企业向消费者发出品牌定位提示，但一个品牌能否在消费者当中产生积极的影响，最终还是取决于消费者的感觉。

典型创业案例

一、红罐王老吉：功能饮料新定位

2002 年以前，从表面看，红色罐装王老吉（以下简称“红罐王老吉”）是一个很不错的品牌，在广东、浙南地区销量稳定，盈利状况良好，有比较固定的消费群，其销售业绩连续几年维持在 1 亿元人民币以上。发展到这个规模后，加多宝的管理层发现，要把企业做大，要走向全国，就必须克服一连串的问题，甚至原本的一些优势也成为困扰企业继续成长的障碍。

2002 年年底，加多宝找到成美营销顾问公司（以下简称“成美”），要求为红罐王老吉拍一条以赞助奥运会为主题的广告片，要以“体育、健康”的口号来进行宣传，以期推动销售。成美经初步研究后发现，红罐王老吉的销售问题不是通过简单的拍广告可以解决的——这种问题目前在中国企业中特别典型：一遇到销量受阻，最常采取的措施就是对广告片动手术，要么改得面目全非，要么赶快搞出一条“大创意”的新广告——红罐王老吉销售问题首先要解决的是品牌定位。红罐王老吉虽然销售了 7 年，其品牌却从未经过系统、严谨的定位，企业都无法回答红罐王老吉究竟是什么，消费者就更不用说了，完全不清楚为什么要买它。这个根本问题不解决，拍什么样“有创意”的广告片都无济于事。正如广告大师大卫·奥格威所说：一个广告运动的效果更多的是取决于你产品的定位，而不是你怎样写广告（创意）。经一轮深入沟通后，加多宝公司最后接受了建议，决定暂停拍广告片，委托成美先对红罐王老吉进行品牌定位。

对品牌进行定位后，接下来的重要工作，就是要推广品牌，让它真正地进入人心，让大家都知道品牌的定位，从而持久、有力地影响消费者的购买决策。成美为红罐王老吉确定了推广主题“怕上火，喝王老吉”，在传播上尽量凸显红罐王老吉作为饮料的性质。在广告宣传中，红罐王老吉都以轻松、欢快、健康的形象出现，避免出现对症下药式的负面诉求，从而把红罐王老吉和“传统凉茶”区分开来。为更好地唤起消费者的需求，电视广告选用了消费者认为日常生活中最易上火的五个场景：吃火锅、通宵看球、吃油炸食品薯条、烧烤和夏日阳光浴，画面中人们在开心享受上述活动的同时，纷纷畅饮红罐王老吉。结合时尚、动感十足的音乐反复吟唱“不用害怕什么尽情享受生活，怕上火，喝王老吉”，促使消费者在吃火锅、烧烤时，自然联想到红罐王老吉，从而促成购买。

二、百事可乐：软饮料的霸主

1939 年，可口可乐已是美国软饮料市场的霸主，此时百事可乐还属无名小卒。针对可口可乐瓶的容量小，其容量刚够一次饮用的弱点，百事公司以“大瓶子，满足大渴望”为策略，更改包装，推出一种 5 美分 12 盎司的百事可乐，辅以“一样代价，双重享受”的广告，向可口可乐发起挑战，从而拉开了美国饮料工业价格战的序幕。

1963年，百事通过绝妙的广告策划与市场推广，突破可乐市场的定位局限，打出了“百事可乐，新一代的选择"的广告语，将品牌定位于尚未形成固定口味偏好的青年一代，从而在与可口可乐的竞争中找到了突破口。百事可乐敏锐地捕捉到了“二战”后出生的美国青年的心理，鲜明地倡导“新鲜、刺激、独树一帜”，提出“新一代”的消费品位及生活方式。

1978年6月12日，《商业周刊》的封面醒目地印着“百事可乐荣膺冠军”。尼尔森关于百货店里饮料销售情况的每月调查报告也表明：百事可乐第一次夺走了可口可乐的领先地位。2005年9月12日，百事可乐股价第一次超越可口可乐。据统计，在5年的时间内百事可乐在全球可乐市场的销售份额逐年增长，已超出了其老牌竞争对手可口可乐。在中国，百事正以其青春、时尚、激情的品牌形象和准确定位赢得更多年轻人的心，成为年轻一代流行文化的代言人。“长期以来，百事像一位长跑选手，时刻等待着领先的机会。”从定位于年轻人的差异化市场开始，百事一直通过音乐、运动这两个主题塑造品牌形象，并形象化、人格化地突出和表现这一定位，使之成为年轻人生活的标志。凭借百事一直倡导的勇于挑战的奋斗精神，以及百事的深具影响力的品牌资源、卓越的产品管理理念和强大的市场营销能力，百事将创造另一个赢家通吃的经典传奇，让我们拭目以待。

三、瓜子二手车：没有中间商赚差价

瓜子二手车最早是从赶集好车起步的，赶集网作为一个信息交流平台，本身就会有一些二手车交易的信息。当时整个二手车市场成长很快，很多人投身创业，瓜子的CEO杨浩涌也看到了这个机会。他当时利用赶集网本身的流量，建立了“赶集好车”这个频道，进行网上二手车交易，这是个巨大市场。

从这里可以通过杨浩涌的创业智慧，给各位创业者一些如何选项目的建议。选项目的时候，一定要选择有未来趋势的行业，也许有些行业目前发展缓慢，还没有成型，但有未来趋势。如果把战略机会建立在一个大趋势上，那战略就有了非常扎实的基础。所以创业者在定战略的时候，千万别进到一个正在衰退的行业。在一个非常成熟的行业想强行切一块蛋糕，建立定位，是非常难的。杨浩涌做赶集网CEO的时候，赶集里面有无数个频道，为什么要选二手车交易呢？一方面，国外二手车交易非常繁荣，而中国随着消费水平的上升，二手车交易需求也在上涨；另一方面，消费者的消费观念也在发生变化。杨浩涌就是把握住了二手车交易是个未来的大趋势。虽然现在市场的规模还不是特别大，但未来趋势一定会越来越大。目前中国汽车市场已经是全球最大，未来如果能主导这个市场，那这个定位就会成为一个强大的品牌。所以创业者选择业务方向，选择新兴的、有未来趋势的就容易成功。

定位先从差异化做起，明确竞争对手都是谁。根据当时的调研，瓜子二手车明确二手车交易市场三类竞争。

第一类：传统线下的4S店、二手车交易，目前这类交易是全国最多的。但是目前这块是没有打造品牌的趋势，所以整个二手车交易很分散。这一类是我们主要的收入来源。

第二类：互联网的兴起带动二手车互联网交易的兴起。优信二手车投了“好声音”电视栏目1亿元，可以看到它很看好这个市场。那我们要针对它们建立优势。

第三类：同类的竞争，如人人车。

企业的定位，最终要回答“从哪里来”“我是谁”这两个问题。瓜子二手车针对传统线上竞争，用“直卖”回答“从哪里来”，也就回答了如何参与第一类竞争，建立优势位置。

直卖网的独特价值：“瓜子二手车直卖网，没有中间商赚差价”，“车主多卖钱，买家少花钱”。其他二手车交易商如优信还是有中间商存在的，是先买进然后再卖出，中间是有差价的。这个也有它的价值。但是没有中间商赚差价是新一代的交易模式，这样的模式更直接、更透明。这也是瓜子二手车品牌优势。

创办一年，成交量就已遥遥领先。瓜子二手车在线上交易占了51.4%的市场份额，是第二名的2.7倍。这就传递了两个信息。第一个信息是“创办一年，成交量遥遥领先”。说明热销，瓜子二手车这种模式是最受欢迎的，因为最先进，所以增长最快。同时“成交量遥遥领先”表明了领导地位。这两个缺一不可。第二个信息“是第二名的2.7倍”。这些数字要通过公关新闻透露给广大公众。这实际也代表了一种趋势，它创造了一种趋势，无论是意见领袖还是行业内的人士或是消费者都会感受到，直卖网才是未来的趋势。

互联网论道之六十四：品牌的6大立柱。①一个简单的符号（LOGO）；② 一个上帝般的人物形象；③一个法典一般的信条；④一个传奇的故事或者秘密；⑤一个共同的敌人；⑥一些仪式感。

互联网论道之六十五：品牌的10大要点。①做趋势性品牌；②创建一个新品类或新市场；③确立一个对手；④创新，会让初创品牌越来越有机会；⑤先做势能，再扩张市场；⑥新品牌要慎重地选名字；⑦发现“视觉”的战略价值；⑧公关建品牌，广告来维护；⑨时间和资本的战略节奏；⑩企业家的新角色。

互联网论道之六十六：成功品牌的三要素。在互联网大竞争时代，信息泛滥，消费逐步升级，要想品牌获得成功必须符合三个要素。其一，要切中新需求，面向中产阶级用户，而不是特别富裕的奢侈品用户；其二，擅长运用新媒体，特别是网红资源，以快速积累人气；其三，要有独特的技术，不一定是高科技，也可能是供应链，独特的技术能保证在发展过程中不那么容易被复制形成壁垒。

互联网论道之六十七：如何才能影响客户的心智？为了经营好公司的品牌，就必须研究客户的心智。影响客户心智分三个层面：①具有穿透力的标题（标题党），心智只能记住差异；②极致体验，

客户体验后有想不到的惊喜（爆款或爆品）；③推理比较，广告语要有隐含意义，说“臭”不说漏，让客户自己推理，进而上升为心智记忆。

互联网论道之六十八：什么是互联网时代的定位？定位就是顺应心智认知，让你的产品成为客户的优先选择；定位就是给潜在客户一个选择你而不选择竞争对手的系统战略；定位就是根据对手的位置，确定对自己最有利的位置，然后发动攻击；定位就是推动企业从产品经营走向品牌经营。

互联网论道之六十九：移动互联网营销的品牌价值。互联网时代，产品价值已不限于过去的功能价值，还包括了是否有独特的情感价值和精神价值。现在营销者不再把顾客视为消费的人，而是把他们看作具有独立思想、心灵和精神的完整的人类个体。如今消费者正越来越关注内心感到焦虑的问题，在混乱嘈杂的商业世界中，他们努力寻找那些具有使命感、愿景规划和价值观的企业，希望这些企业能够满足自己对社会、经济和环境等问题的深刻内心需求。

互联网论道之七十：中国品牌走向世界。中国品牌一定要走向世界。中国企业不仅要改造全球分工与产业链结构，中国品牌也一定要走出国门，与世界融为一体。过去中国走向世界的多是产品输出、劳务输出，未来一定会变成品牌输出、文化输出、生活方式输出、价值观输出。

互联网论道之七十一：品牌的名字。美国营销大师阿尔里斯说：

从长远来看，一个品牌最重要的资产，就是它的名字。在品牌构成的诸多要素中，最核心的是名字，它是形成品牌的概念基础。而于消费者而言，被灌输到他们心智当中的，也不是产品，而是品牌名称，它是连接消费者和产品的纽带。

互联网论道之七十二：如何起一个好的品牌名字？①简单好记，富有趣味和传播性；②具有一定的品牌内涵和文化，便于营销活动的传播；③符合行业特性和美感，具有国际通用性与灵活性；④在法律上和竞争上，可以自我保护与防卫。品牌命名要遵循以下原则：名实相符，引人注意，激发联想，避免禁忌。

互联网论道之七十三：什么是好的品牌广告语？好的广告语是有腿的，而且是大长腿，它能引发用户主动传播，口口相传。在brand（品牌）层面，广告语通过表达自己的态度和理念，引起消费者共鸣，能传递品牌的核心价值，logo（标志）辅助视觉，反映品牌个性和记忆亮点。一个成功的广告语最好提炼在7个字以内，有五种方法：代言品类、拥有特性、开创新品类、聚焦业务和新一代产品。

互联网论道之七十四：平台和品牌。传统企业不要轻易尝试做平台，尤其是中小企业不应该一味地追求大而全、做大平台，而应该集中优势资源，发现自身产品或服务的独特性，瞄住精准的目标用户，发掘用户痛点，设计好针对用户痛点的极致产品，围绕产品的应用场景打造核心用户群，并以此为据点快速打造品牌。

互联网论道之七十五：消费升级的定位演变。在互联网时代，消费升级的定位和品牌传播发生了本质的改变。时尚很久的“高端大气上档次”“有面子”“身份象征”“只买贵的”“全球限量”“独家定制”等诉求，并不是这次消费升级的机会（当然还会存在）。而“全新的生活方式”“高质量产品”“高性价比产品”“情感认同”“过程体验”等带来的高档品消费，才是定位的新法则。

互联网论道之七十六：精准是商业最核心的要素。谷歌、阿里巴巴、Uber 为什么这么值钱？因为精准。有精准广告、精准零售、精准交通，现在最时髦的是精准医疗了。只有精准，才能让商业效率有巨大的提升。精准是商业未来最核心的要求，是优胜劣汰的门槛。做到了精准，企业才有资格进入下一轮商业竞争。

第七章
商业模式

【定义】商业模式是为实现客户价值最大化，把能使企业运行的内外各要素整合起来，形成一个完整的高效率的具有独特核心竞争力的运行系统，并通过最优实现形式满足客户需求、实现客户价值，同时使系统达成持续盈利目标的整体解决方案。

【解释】商业模式是管理学的重要研究对象之一，MBA、EMBA（高级管理人员工商管理硕士）等主流商业管理课程均对“商业模式”给予了不同程度的关注。在分析商业模式过程中，主要关注一类企业在市场中与用户、供应商、其他合作伙伴的关系，尤其是彼此间的物流、信息流和资金流。企业之间、企业的部门之间，乃至顾客之间、渠道之间都存在各种各样的交易关系和联结方式，这种联结方式称为商业模式。

典型创业案例

一、阿里巴巴的B2B商业模式

阿里巴巴的商业模式是B2B，通俗一点讲，就是让一些做制造业的中小厂商在互联网上做国际贸易，以解决中小企业贸易中的信息不对称问题；因为中国的中小厂商都在寻找对外贸易的路径，阿里巴巴提供了一个很好的通道，所以随着中国经济的发展，阿里巴巴发展得也很快。这种模式可以说是互联网行业里最苦最累的一种，即使在美国等互联网行业最发达的国家，目前也没有企业能做成功。阿里巴巴每天收入超过100万元。有700万家中国企业、200万家外国企业成为其会员。

二、百丽商业模式的核心——控制终端

百丽鞋业是中国鞋业之王。在中国女鞋品牌当中，前十名中有四个属于百丽公司旗下品牌，即Belle（百丽）、Teenmix（天美意）、Tata（他她）和Staccato（思加图）。此外，百丽公司还代理有28个鞋类品牌，包括Bata、ELLE、BCBG、Mephisto、Geox、Clarks、Merrell等。百丽亦是中国体育用品最大零售商之一，代理运动服饰品牌有Nike、Adidas、LiNing等；其同时也代理休闲牛仔名牌Levis。在百丽收购中国著名的男鞋品牌江苏森达后，百丽鞋不

仅吸引了众多女性，同样也虏获了大批男性。

百丽公司在百货商场进行控盘以后，顾客最终选的鞋子几乎都是百丽公司的产品。百丽公司鞋业的综合毛利也一度达到62%，远远高于其他同行企业。百丽的广告很少，看似默默无闻，实际上却牢牢地控制了零售终端。在很多百货商场的女鞋专柜，几乎一半都归属于百丽公司，而百丽就通过控制终端，牢牢地控制住客户。由于百丽所控制的终端，同行和其他产品公司都很难进入，所以，百丽公司的利润是传统经销鞋类产品公司的10倍，其所运用的商业模式可以持续发展10年，甚至更久。百丽就是个类房地产企业，其对百货商场零售柜台的控制，让连锁业包括鞋业及任何其他领域的后来者都失去了机会。而百丽在有了房地产独特的稀缺性、控制力后，就有了定价权，这也就是百丽可以获得62%的毛利率，且能够10年甚至长期控制这个平台的重要原因。

商业模式分析

商业模式描述了企业如何创造价值、传递价值和获取价值的基本原理。商业模式包括9个基本模块。CS：客户细分。企业或机构所服务的一个或多个客户分类群体。VP：价值主张。通过价值主张来解决客户难题和满足客户需求。CH：渠道通路。通过沟通、分销和销售渠道向客户传递价值主张。CR：客户关系。在每一个客户细分市场建立和维系客户关系。RS：收入来源。收入来源于成功提供给客户的价值主张。KR：核心资源。核心资源是提供和交付先前描

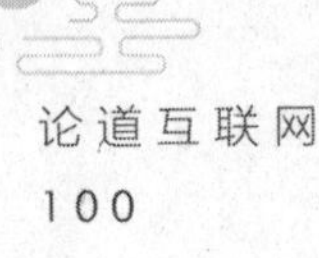

述所必备的重要资产。KA：关键业务。通过执行一些关键业务活动运转商业模式。KP：重要合作。有些业务要外包，而另外一些资源需要从企业外部获得，都离不开与其他企业合并。CS：成本构成。商业模式上述要素所引发的成本构成。这 9 个基本模块主要涉及 4 个主要方面，即客户、提供物（产品 / 服务）、基础设施和财务生存能力。

互联网论道之七十七：什么是商业模式？商业模式首先要回答增长机会是什么，没有赚钱的“增长机会”，一切商业模式都无从谈起。其次，要在此基础上进一步思考清楚客户定位、需求（痛点）、决策方式，痛点决定了我们产品的价值主张。再次，一定要对成本结构、收入来源、价格 / 价值心中有数，即“钱”如何回来，这是回答如何赢得利润和现金流。最后，基于和竞争对手相比的独特性价值主张和壁垒，明确应该突出的能力和业务活动。商业模式思考的逻辑就是：定义增长、定义客户、定义价值、定义价格、定义渠道、定义能力。

互联网论道之七十八：商业模式创新的三位一体。商业模式创新的三位一体就是以交易场景为核心，业务服务、金融服务和 IT 服务的三位一体。商业模式的创新离不开两个驱动力，一个是金融，一个是信息技术。企业服务一定是场景化的服务，这个场景里不光有业务运营本身，还必须把金融服务和 IT 服务进行融合。

互联网论道之七十九：人工智能的主要商业模式。人工智能的商业模式很多，目前比较清晰的有以下四种：①深度学习——人工智能的最新突破；②深度学习方法。一定要和大数据结合起来，即大数据驱动下的感知智能产品研发；③举一反三地认知智能前沿研究；④支撑人工智能应用的硬件引擎。

互联网论道之八十：两种互联网商业模式的区别。有两种做互联网的方法。一种是满世界去推销，做到产品销售第一。采用这种方法，必须融到足够多的钱，甚至是烧不完的钱。另一种利用并发式创新，打造生态系统，一次路演，瞬间颠覆整个行业，如苹果。这两种方式的区别在于，一个向外求，一个向内求；一个是盲目的跟随者，一个是颠覆式创新者。

互联网论道之八十一：OAO（线上与线下结合）商业模式正在成熟。目前，商业争夺的是出生于20世纪80—90年代的消费群，这群人生下来就不缺物质、不缺产品，他们需要的是一种“体验”与“关怀”，这种关怀需要面对面地交流与触觉才能体现。移动互联网时代，消费者的消费喜好及追求，都体现在实打实的点击率上。2018年实体店最热门的转型方向，就是日本式的工匠精神，或趣味或情怀的场景体验，满足大众需求的快时尚，以及细节及服务。

互联网论道之八十二：免费是商业的终极武器？免费是占领市场、获得新客户的制胜法宝，是商城平台推广过程中的一个表现环节。然而天下没有免费的午餐，或者说天下没有永远免费的午餐，这和超市的免费班车、美容院的免费面膜是一样的。把免费武器在零售网络中运用到极致将成为行业的霸主，但对互联网创业企业而言，

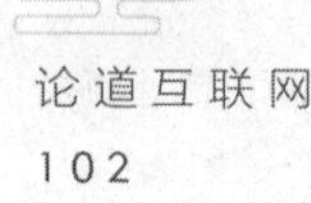

更重要的是大量客户积存后的盈利模式。

互联网论道之八十三：赋能式商业模式的核心。赋能式商业模式的核心是：我为用户赋能，用户同时为我赋能。对创业者来说，产品功能化是基础，这是用户购买产品的首要原因。除此之外，还应考虑如何让产品引爆，其核心是为用户赋能。产品社交化、产品游戏化、产品个性化、产品交互化等就是让产品为用户赋能。用户为我赋能的核心是让用户参与，即在产品研发、运营推广、成本节省等方面，让用户参与进来。

互联网论道之八十四：商业模式 6 要素。商业模式包含了 6 个要素：①赚谁的钱（解决的是定位问题）；②如何赚钱（业务系统是什么？）；③为什么能赚钱（盈利模式）；④赚什么样的钱（现金流结构）；⑤能否持久地挣钱（关键资源）；⑥最终值多少钱（企业价值）。

第八章

电子商务

【定义】电子商务指利用计算机技术、网络技术和远程通信技术，实现整个商务（买卖）过程中的电子化、数字化和网络化。

【解释】电子商务就是在互联网开放的网络环境下，基于浏览器/服务器应用方式，实现消费者的网上公务、商户之间的网上交易、在线电子商务支付以及有关方的网络服务的一种新型的商业运营模式。

商业模式分析

电子商务模式可以从多个角度建立不同的分类框架，最简单的分类莫过于B2B、B2C和C2C这样的分类，但就各模式还可以再次细分。电子商务分为ABC（代理商、商家、消费者）、B2B（企业对企业）、B2C（企业对消费者）、B2B2C（供应商对企业，企业

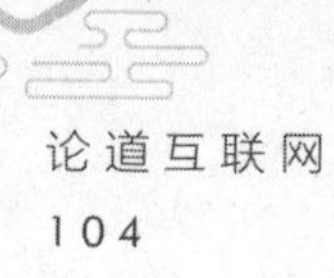

对消费者）、C2C（个人对消费者）、B2M（面向市场营销的电子商务企业）、M2C（生产厂家对消费者）、B2A（企业对政府）、C2A（个人对政府）九种模式。

互联网论道之八十五：内容电商的特征。内容电商经过商业模式的迭代，发生了显著变化，即消费者的购物行为（shopping）和购买行为（buying），出现了大规模的分离。在过去大部分情况下，购物（shopping）和购买（buying）基本上是同时发生的，消费者为了买东西或者享受逛街，去京东、天猫或者线下的百货公司购物（go shopping），在这个过程中，买到了商品（buying goods）。而在内容电商环境下，消费者在购买商品的时候，并没有处在"我要购物""我要逛街"的心态和场景下，而是在悠闲地看着美妆达人直播，或者自媒体的文章。

互联网论道之八十六：什么是电子商务？电子商务，是以电子为手段，以商务为主体，将原来传统销售、购物渠道移到互联网上来，打破国家、地区有形无形的壁垒，使生产企业达到全球化、网络化、虚拟化、生态化、个性化。比尔·盖茨说："21世纪，要么电子商务，要么就无商可务。"

互联网论道之八十七：电商的平均成本。电商已经突飞猛进地发展了很多年，现在的电商成本之高已不低于实体店：人工11%、天猫扣点5.5%、推广成本15%、快递12%、售后2%、财务成本2%、水电房租2%，加上税务，如果没有50%以上的毛利率，电商根本没有办法持续经营。每引来一位顾客的成本大概在 80 元，但是很多商品的售价都不到 80 元。电商行业大鱼吃小鱼的现象，正在快速上演！

互联网论道之八十八：电子商务的发展趋势。第一个趋势，移动购物；第二个趋势，平台化；第三个趋势，电子商务将向三、四、五线城市渗透；第四个趋势，物联网；第五个趋势，社交购物；第六个趋势，OAO；第七个趋势，云服务和电子商务解决方案；第八个趋势，大数据的应用。

互联网论道之八十九：中国电子商务进化论。B2B → B2C → C2C → C2B → C2F，从商家对商家，到商家对个人、个人对个人、个人对商家，最终是个人对工厂。未来每一件产品，在生产之前就知道它的顾客是谁，个性化时代到来，将彻底打破传统的大规模、统一式生产的产业链结构。

互联网论道之九十：电子商务积分体系的倍数功能。如何通过积分体系倍增其新客户的获得？除了利用积分体系培养用户忠诚度，把积分体系作为一个有效的营销工具，例如组织积分三倍送、积分五倍送的专场促销活动，还可以在某个时间段，或者针对某个特定区域，用提高积分倍数或积分排名的方式来奖励购买，鼓励商家靠多送积分的形式做商品促销。

第九章
产品与营销

【定义】产品是指报告期工业企业实际销售的、由本企业生产的工业产品的实物数量，但不包括用订货者来料加工生产的产品实物数量。它反映工业企业生产成果已经实现销售的数量。

【解释】产品营销是指通过有意识地发掘、利用或创造某种特定主题来实现企业经营目标的一种营销方式。它在原本单纯、枯燥的销售活动中注入一种思想和理念，使营销活动由死板的钱与物的交换变为情感的交流，让销售也具有了灵魂。这样，顾客在购买和使用商品过程中会得到精神享受和欲望满足，产生一种心理共鸣。将原本单纯的商品，赋予某种主题，可以更好地挖掘商品的卖点，使销售活动更人性化，从而激发顾客的购买欲望。

互联网论道之九十一：互联网时代产品模式。未来每个人都能拥有自己的产品。如何实现呢？逻辑应该是这样的：创意→表达→展示→订单→生产→客户。当你有一个想法时，你可以先表达出来，然后在平台上进行展示（这样的平台会越来越多），吸引喜欢的人去下单，拿到订单后可以找工厂生产（不用担心量太少，今后的生产一定会精细化和定制化），最后送到消费者手里。在这种产品模式下，很多小众的梦想和爱好都将得到成全。

互联网论道之九十二：如何用极限思维打造极致的产品。第一，“需求要抓得准”（痛点，痒点或兴奋点）；第二，“自己要逼得狠”（做到自己能力的极限）；第三，“管理要盯得紧”（得产品经理者得天下）；第四，“一切产业皆媒体”（在这个社会化媒体时代，好产品自然会形成口碑传播）。

互联网论道之九十三：产品的新定义。互联网时代下的产品有了新定义，即产品 = 功能 × 情感。其中，功能是基本配置，关键是情感，而且产品是两者的乘积，也就是说，只具备功能的产品是不完善的产品。产品的品牌文化、代言人、属性等，都可以唤起客户的情感。打造一个让用户感到有温暖、有价值、有黏度的体验，是产品情感营销的第一步！

互联网论道之九十四：如何打造爆款产品？（1）有温度的产品。从人性角度来看，有温度的产品的核心就是实实在在地为用户创造价值。（2）差异化体验。例如小米手机的青春版，它颠覆了过去用户对于低价就是低配的差体验，告诉你，即使是几百块的手机我们也能做得很棒。（3）没有场景就没有温度。打造一个爆款，除了要紧紧抓住用户心理，从灵魂上洞察用户需求，改变自己的思维方式，还要有场景。就像送礼，礼物代表一种情谊，你要洞察收礼人的心理，弄清什么礼物能给他带来惊喜。没有创意、不能带来惊喜的东西是冰冷的。（4）支撑产品的最终是文化。长期支撑产品质量的是企业的文化。互联网时代，客户已经不再仅仅关注产品本身，而且关注在购买产品后，可以获得哪些价值观，这都是文化的体现。

互联网论道之九十五：大公司的爆款产品如何玩？滴滴和 Uber 完全是用资本规模战胜了所有竞争对手，打车市场在高峰期有 40 多个竞争对手，这种模式非常简单粗暴，没有大资本支撑，小公司在到达盈亏点之前就倒闭了。对小公司而言，打造爆款分三堂课：第一堂课：痛点法则，不是打广告，而是直接把利益给用户。第二堂课：尖叫点法则。不是拼烧钱，而是把产品做到 90 分以上。第三堂课：爆点法则。事件营销。

互联网论道之九十六：“互联网＋”营销的重要性。（1）网上用户 55% 在使用计算机时不做其他事，网络广告受关注程度更高。（2）网络营销系统通过用户画像，可实现精准投放。（3）网络销售系统不受时空限制，一键走天下。（4）网络营销系统渠道开发便捷，成本廉价。（5）营销系统可采用文字、图片、视频多种方式，更容易打动客户。（6）网络营销系统可实现链条式客户跟踪、调研。

互联网论道之九十七：极致互联网营销的三部曲：尖叫事件、极致体验和病毒式传播。①尖叫事件是一种高级别事件营销，主要特征：超出预期，引领流行，爆炸性重大事件等；②极致体验是高级别体验感受，主要特征：超过预判，满足痛点，雕刻心智等；③病毒式传播是利用互联网进行快速、大范围传播，实现传播的裂变效应。

互联网论道之九十八：网络营销的核心本质。网络营销不是网络推广、网站推广，也不是搜索引擎优化。网络营销的核心应该是：供需双方通过互联网进行的一种交换行为，这种行为存在的基础在于通过互联网进行这种交换，对双方都有利或者说更有利，这种交换包括信息上的交换。网络营销链条中的一端是供应方，另一端是需求方，供应方通过互联网寻找需求方，需求方也通过互联网寻找供应方，而在这条链条中，位于链条柄的是需求方，只有把握了这个柄，也就是把握了用户的需求，才能把握这根链条的主动权。

互联网论道之九十九：互联网营销的差异化。没有同质化的产品，只有找不到需求差异的销售。再往深里说，其实客户不是在找差异，而是在找差异给他带来的价值。差异只有在满足客户的需求的时候，才真正有力量。所以说差异不是在说产品，而是在说需求。

互联网论道之一百：什么是好的营销？营销的关键就是讲故事。一个好故事要具备三个要素：人、事、场景。用“人”来界定你的客群，用“事”来引爆客户群，用“场景”来刻画向往。

互联网论道之一百零一：移动互联网营销的核心。移动互联网时代，营销的本质是价值发现。企业能取得独特的价值发现，为目标用户创造出他们真正认可的价值、价值组合（功能、体验、情感），并选择表里如一的、最有效率的方式来传递和延伸其价值，就是对移动互联网时代营销的核心体现。

互联网论道之一百零二：消费升级新解。“奢侈品”和“高档品”的区别并不在于价格（因为有的高档品比奢侈品还贵），而在于它们被设计出来时要满足的需求，一句话概括：奢侈品是区分阶级的需要，而高档品是努力工作的自我享受回报。在我国，上一次奢侈品市场的火爆，是源于中国社会“区分阶级”的需要。但这次不太一样，这次不是提供“区分阶级的奢侈品”，而是“为努力工作提供馈赠的高档品”。所以，最近几年在大家口中讨论的“消费升级”，本质上就是“高档品”需求的增加，而不是“奢侈品”需求的增加。

互联网论道之一百零三：网络营销的“近视症”。很多企业认为网络营销的唯一目的是“卖货”，这导致了浮躁的急功近利做法，更让企业看不到营销的本质是正确理解用户需求并努力去创造用户真正认可的价值。该观念造成大量企业患上了“营销近视症”。

互联网论道之一百零四：何谓真正的“智能新零售”？真正意义上的“智能新零售”，并不仅仅是科技的创新、购物的便捷和感官的新鲜。而应是将电商渠道无法替代和复制的优势，发挥到极致，通过互联网技术和手段，将消费者、商品、供应链数字化，通过社交微信等平台，与消费者深度互动，从而提升店面的整体经营效率。

互联网论道之一百零五：新零售业的关键成功因素。新零售业的成功取决于3S：一是social（社群化），企业与顾客不能只是交易关系，必须是社群化的生活伙伴关系，才能生存；二是service（服务化），传统零售的服务仅限于卖场内的便利，未来零售的服务必须提供直达家庭的服务；三是 supply-chain（供应链），在传统渠道决定购买阶段，供应链体现为采购的强权与压价，未来供应链则体现为对优质供应资源的争夺与供应链关系的维护。

互联网论道之一百零六：互联网营销的用户分析。互联网营销想要提高转化率，必须有精准的人群定位。如果我们不做用户分析，只是一味地去传播，打硬广、软广、微信营销，其后果是，虽然阅读量很高，但那些用户和我们没有关系。现在很多运行人员对微信运营的 KPI（关键绩效指标）就是阅读量。随便跟个热点，肯定会有很高的阅读量，但这并不代表就能给你带来用户，最多只是做了品牌传播。所以我们要做用户分析，而不是一味地做流量，因为没有转化支撑的流量都是假的、虚的、落不了地的。

互联网论道之一百零七：互联网时代的新零售及其特征。新零售是以消费者体验为中心的数据驱动的泛零售形态。新零售具有三大特征：①以心为本，掌握数据就是掌握消费者需求；②零售二重性，二维思考下的理想零售；③零售物种大爆发，孵化多元零售新形态和新物种。新零售颠覆了货—物—人属性，构建了人—货—物的新流程。

互联网论道之一百零八：营销的三个时代。①大众传播时代，就是通过电视这种大众传媒方式打广告。典型代表是“央视广告 + 线下门店”。②分众传媒时代，最大的分众是搜索，如百度这种基于搜索的竞价排名广告，其代表就是莆田系医院的隐秘崛起。

③精准传播时代，随着互联网技术的深化，基于大数据的精准营销成为可能。根据客户的营销习惯实现精准的点对点投放。

互联网论道之一百零九：新零售业的特征。传统零售业对于消费者来说，最大的弊端在于信息的不对称。互联网冲击了传统零售业，也塑造了未来的零售业（新零售业）。新零售业有如下特征：①会变成线下和线上的结合，价格同步（OAO）；②同质化的强调功能性的产品越来越没有竞争力，而那些通过服务加强用户体验的产品会脱颖而出；③配合互联网大数据，进行精准化营销系统升级和裂变营销系统改造的商业模式已经清晰。

互联网论道之一百零一十：千禧一代的消费特点。目前，我国“80后”“90后”“00后”总人口数为4.15亿人，占网销的68%。舒适的家庭环境让中国年轻一代金钱概念偏弱，偏好超前消费，新兴事物接受能力强，更加适应移动互联消费模式。千禧一代在衣、食、行、游、娱方面有以下消费特点。衣：追求品牌个性，高度互联网化。食：注重特色和体验，偏向快时尚消费。行：外观与质量并重，具有品牌意识。游：向往自由，消费能力有限但热爱旅游。娱：超强娱乐能力，乐于接受新型娱乐方式。

互联网论道之一百零一十一：怎么写好一个营销文案？

1. 营销文案是什么？

在写营销文案之前，先来回答一个问题：营销文案是什么？

有人说，营销文案是吸引注意力。

有人说，营销文案是为了传播。

有人说，营销文案是包装产品。

这都是营销文案的一种表现形式，不是最终目的。营销文案应该是销售产品或服务的一种文字技巧。营销文案只是为了销售东西吗？为什么有些文案是在讲品牌情怀呢？例如，耐克的“Just do it”，苹果的“不同凡响”。这些经典文案都没告诉我们要卖什么东西呀？

一个消费者购买产品有几种原因？有两种。第一种原因是这个东西产品好，物美价廉。反正就是合消费者心意，然后消费者买了。产品本身满足了消费者自身的需求。第二种原因是卖东西的那个人很好，消费者觉得这人不错。消费者相信他这个人，所以相信他推荐以及销售的东西。所以，你要把东西卖出去就有两种方式。那么营销文案也有两种：第一种，产品文案；第二种，品牌文案。产品文案，就是让消费者最快准确了解你的产品，它的优势特点，让它成为消费者购买的最佳选择。品牌文案，就是让大家知道这个品牌的个性、态度、情感等，也就是品牌的气质魅力等。最后，让消费者觉得这个品牌不错，消费者信任它并支持它，最后购买该品牌的产品。

那产品文案和品牌文案之间有关联吗？最新的产品定义是：产

品=功能×情感，产品和品牌是相互作用的，品牌是产生情感的原因。一个好的文案对宣扬品牌和产品非常重要，会带来后续的持续价值。

2. 年薪 30 万元的营销文案人员平时在干吗？

正所谓台上一分钟，台下十年功。要写好方案，文案人员主要应做好以下 5 件事。

1）读书，形成自己的世界观

没有世界观的文案，不是好文案。文案要讲究世界观。你要把对这个世界的认知通过文字表达出来。读者认可了你的世界观，便会被你的方案所吸引，空洞的形容词和繁复的修辞手法是没用的。

韩寒《后会无期》这个电影能火，其这些文案功不可没。“听过很多道理，却依然过不好这一生。”“小孩才分对错，大人只看利弊。”再比如，某个品牌的活动主题方案。“我们是小孩，总要给大人们一点面子”。

2）看电影，学会写有画面的故事

有故事的文案，才是好文案。看电影，可以学会怎么讲好一个故事，因为电影都是用画面和台词讲故事。文案越来越重要，是因为我们对故事的不断渴望。一个产品的价值，不仅仅包括产品本身的价值，还有藏在身后的故事价值。小学的“看图说话”就是一个很好的文案训练方法，一张图让我们讲一个故事。一张图可以讲很多个故事。同样的产品，不同的故事会决定它的优劣。故事写得好，什么产品都卖得出去，不管是产品，还是人，还是微信公众号。现在超级大号，都是写故事的高手。

3）聊天，跟客户聊一聊产品

当你想不到写什么的时候，不如和客户聊聊天。有时候，文案就是聊出来的。客户不仅能给你提需求，还能告诉你要写的内容。关于产品的特色，客户比我们清楚。我们要做的，其实就是把他们知道的表达出来，用一种通俗易懂的方式。好的文案，有时候真的是别人告诉你的。我们要做的是，把这个真相告诉大家。所以不要急着上网找资料，没事应该多跟客户聊天。可能你想找的，客户都会告诉你。

4）多动，去销售现场走一走

假设某电影院想在商场中摆放一个广告牌，吸引更多的人来看电影。一般文案会马上想到这些词眼：最新影片、观影环境、价格优惠等。仔细想想这些文案，它们是把其他影院视为竞争对手，也没有考虑到真正的销售现场。能看到这个广告牌的人，都是在商场逛的人。他们一般有两种选择：一种是看电影，另外一种是继续逛。方案要做的是，让客户的选择偏向看电影。所以，当你去现场跑一跑，你就可能写出这样的文案：“逛累了，不如来看场电影吧。”

又如，关于汽车的文案，主要表现汽车室内安静舒适。假如你坐在办公室思考，你可能只会想到“静无止静”“用心去感受”这样的词。当你真的坐入车内，你才可能写出这种经典的文案：“在时速六十英里时，这款劳斯莱斯汽车上的最大噪音来自它的电子钟。”

5）多写，不断练习培养语感

写文案，其实是一个技术活，一个熟能生巧的过程。所以，你必须多写多练，不断练习培养语感。

3. 如何写出一个好的营销文案标题

写一篇营销文案，我们从标题开始。标题的重要性我们都知道，标题不好，别人都不会点击，就不会产生关系，产品会跟读者擦肩而过，不会有后面的购买故事了。在拟标题之前，先应明白标题的功能。标题有以下三个功能。

（1） 传递完整正确的信息。

（2）吸引读者的注意力。

（3）明确读者。

那么标题应该怎么写？下面介绍最常用的六种标题。

1）向读者提问

向读者提问，是吸引注意力的好办法。所以，多使用“如何”“怎么”和“为什么”这样的词。例如：如何 1 个月搞定英语六级？我们用标题的三个功能来分析下这个标题。

（1）传递信息：教你如何学习英文。

（2）吸引力：利用读者对问题的好奇。

（3）明确读者：英语学习人员。

这三点全部满足，所以可以判断这是个好标题。

2）产生矛盾

矛盾是一种生产力。现在生活，我们采用各种方式去化解矛盾。对于文案来说，我们化解矛盾的方法就是阅读它。例如：我考上了最好的大学，但我放弃了。（1）传递信息：高考成功不代表人生成功。（2）吸引力：利用矛盾自身的引力。（3）明确读者：有过高考经历的人。

这么标题是很矛盾的：考上好大学，为什么放弃了？读者往往很想了解产生矛盾的原因，自然会往下读。

3）切中利益点

标题指出利益点，能帮到读者或给读者带来什么。例如：只要这么做，让你年轻十岁。（1）传递信息：保养美容等技巧。（2）吸引力：有什么比变年轻更有吸引力的呢。（3）明确读者：

爱美之人。

4）巧用时间数字

时间和数字，都可以把东西具象化，让消费者不会产生模糊感，甚至会消除一定的疑虑。

例如，“如何挣大钱？”这个标题太模糊，大钱是多大？100元算不算？1 000 元总算吧。把它优化一下，如何挣 100 万元？100 万元，这比“大钱”具体多了。读者还会有疑惑，该不会 10 年挣 100 万元吧？所以需要继续优化，加入时间的元素，最后是这样：如何 1 年内挣 100 万元？时间和数字还有一个作用，可以让读者感受到紧迫性，让读者立即产生阅读这个行为。如限时 1 天、名额仅限 100 名等。

5）傍大款

不管哪一个行业，都有对应的大款。傍大款，主要为了让读者产生信息联想，也可以理解为信息的具象化。如你做电商，你就可以傍马云、京东、亚马逊之类大款。

例如：“学会这 4 招，让你轻松追热点”。这个标题太普通、平淡、缺乏吸引力。若修改一下：“学会这 4 招，追热点像杜蕾斯一样快狠准”。这样的标题更加有吸引力。

6）免费

大多数消费者对“免费”二字没多少抵抗力。如果你的服务或者产品是免费的，请把这两个字写入你标题里面吧。

好的标题一般都采用了两个以上技巧。所以把每一个技巧学会之后，还需要将它们组合起来使用。

第十章

大数据

【定义】大数据又称巨量资料，指的是所涉及的数据资料量规模巨大到无法通过人脑甚至主流软件工具，在合理时间内达到撷取、管理、处理，并整理成为帮助企业经营决策的资讯。

【解释】大数据（big data），指无法在一定时间范围内用常规软件工具进行捕捉、管理和处理的数据集合，是需要新处理模式才能处理的具有更强的决策力、洞察发现力和流程优化能力的海量、高增长率和多样化的信息资产。

从技术上看，大数据与云计算的关系就像一枚硬币的正反面一样密不可分。大数据必然无法用单台的计算机进行处理，必须采用分布式架构，必须依托云计算的分布式处理、分布式数据库和云存储、虚拟化技术。

随着云时代的来临，大数据也吸引了越来越多的关注。分析师团队认为，大数据通常用来形容一个公司创造的大量非结构化数据和半结构化数据，这些数据在下载到关系型数据库用于分析时会花费过多时间和金钱。大数据分析常和云计算联系到一起，因为实时的大型数据集分析需要像 MapReduce 一样的框架来向数十、数百或甚至数千的电脑分配工作。

大数据需要特殊的技术，以有效地处理大量的容忍经过时间内的数据。适用于大数据的技术，包括大规模并行处理（MPP）数据库、数据挖掘、分布式文件系统、分布式数据库、云计算平台、互联网和可扩展的存储系统。

典型创业案例

一、谷歌的意图：大数据版图

如果说有一家科技公司准确定义了“大数据”这一概念的话，那一定是谷歌。根据搜索研究公司 comScore 的数据，仅 2012 年 3 月一个月的时间，谷歌处理的搜索词条数量就高达 122 亿条。谷歌的体量和规模，使它拥有比其他大多数企业更多的应用大数据的途径。谷歌搜索引擎本身的设计，就旨在让它能够无缝链接成千上万的服务器。如果出现更多的处理或存储需要，抑或某台服务器崩溃，谷歌的工程师只要再添加更多的服务器就能轻松搞定。将所有这些数据集合在一起所带来的结果是：企业不仅从最好的技术中获益，同样还可以从最好的信息中获益。下面选择谷歌公司的三个亮点来做介绍。

谷歌意图：谷歌不仅存储了搜索结果中出现的网络连接，还会储存用户搜索关键词的行为，它能够精准地记录下人们搜索时的时间、内容和方式，坐拥人们在谷歌网站进行搜索及经过其网络时所产生的大量机器数据。这些数据能够让谷歌优化广告排序，并将搜索流量转化为盈利模式。谷歌不仅能追踪人们的搜索行为，而且还能够预测出搜索者下一步将要做什么。用户所输入的每一个搜索请求，都会让谷歌知道他在寻找什么，所有人类行为都会在互联网上留下痕迹路径，谷歌占领了一个绝佳的点位来捕捉和分析该路径。换言之，谷歌能在你意识到自己要找什么之前预测出你的意图。这种抓取、存储并对海量人机数据进行分析，然后据此进行预测的能力，就是数据驱动的产品。

谷歌分析：谷歌在搜索之外还有很多获取数据的途径。企业安装“谷歌分析”之类的产品来追踪访问者在其站点的足迹，而谷歌也可获得这些数据。网站还使用“谷歌广告联盟”，将来自谷歌广告客户网的广告展示在其站点，因此，谷歌不仅可以洞察自己网站上广告的展示效果，而且可以对其他广告发布站点的展示效果一览无遗。

谷歌趋势：既然搜索本身是网民的“意图数据库”，当然可以根据某一专题搜索量的涨跌预测下一步的走势。谷歌趋势可以预测旅游、地产、汽车的销售。此类预测最著名的就是谷歌流感趋势，跟踪全球范围的流感等病疫传播，依据网民搜索，分析全球范围内流感等病疫的传播状况。

二、特易购的精准挖掘

聪明的商家通过用户的购买历史记录分析来建立模型，为他们量身预测未来的购物清单，进而设计促销活动和个性服务，让他们源源不断地为之买单。特易购（Tesco）是全球利润第二大的零售商，这家英国超级市场巨人从用户行为分析中获得了巨大的利益。从其会员卡的用户购买记录中，特易购可以了解一个用户是什么“类别”的客人，如速食者、单身、有上学孩子的家庭等。这样的分类可以为企业提供很大的市场回报，例如，通过邮件或信件寄给用户的促销可以变得十分个性化，店内的促销也可以根据周围人群的喜好、消费的时段来更加有针对性，从而提高货品的流通率。进行用户行为分析后，仅在市场宣传一项，就能帮助特易购每年节省 3.5 亿英镑的费用。

特易购的优惠券：特易购每季会为顾客量身定做 6 张优惠券。其中 4 张是客户经常购买的货品，而另外 2 张则是根据该客户以往的消费行为数据分析，极有可能在未来会购买的产品。仅在 1999 年，特易购就送出了 14.5 万份面向不同的细分客户群的购物指南杂志和优惠券组合。更妙的是，这样的低价无损公司整体的盈利水平。通过追踪这些短期优惠券的回笼率，了解到客户在所有门店的消费情况，特易购还可以精确地计算出投资回报。发放优惠券吸引顾客其实已经是很老套的做法了，而且许多的促销活动实际只是来掠夺公司未来的销售额。然而，依赖于扎实的数据分析来定向发放优惠券的特易购，却可以维持每年超过 1 亿英镑的销售额增长。

特易购同样有会员数据库，通过已有的数据，就能找到那些对价格敏感的客户，然后在公司可以接受的最低成本水平上，为这类顾客倾向购买的商品确定一个最低价。这样的好处一是吸引了这部分顾客，二是不必在其他商品上浪费钱来降价促销。

特易购的精准运营：这家连锁超市在其数据仓库中收集了 700 万部冰箱的数据。通过对这些数据的分析，特易购进行更全面的监控并进行主动的维修以降低整体能耗。

商业模式分析

根据大数据从产生到市场应用的发展环节，可将大数据产业链划分为“数据源”“基础设施”“软件系统”和“应用服务”四个主体环节，并由“产业支撑”作为辅助环节。依据大数据产业链结构，衍生出在大数据各环节的商业模式分布，包括数据应用服务供应、数据交易、软件技术服务供应、基础设施建设、数据源供应、产业支撑服务六大类发展模式。

1. 数据应用服务供应模式

数据应用服务模式是将大数据分析处理成果以服务的形式提供

给政府、企业、公众等需求者，满足其现实应用需求，并帮助需求者获取更大的社会、经济价值。该模式是大数据应用服务层的主要商业模式之一，处于大数据产业链的顶端，用户群体最为广泛，需求最为丰富多样，基本涵盖了社会经济生活的所有主体，市场前景广阔。

2. 数据交易平台模式

数据交易平台模式是通过吸收第三方数据，构建开放的数据交易平台，通过平台交易模式提供用户所需数据并获取收益。该模式也是大数据应用服务层的主要商业模式之一，该模式需打通线上线下的数据服务营销、购买、消费链，对于数据技术支撑和数据安全保障等有较高的能力要求，在大数据发展初期并非主流模式，但随着大数据应用市场的不断成熟和发展，该模式的发展空间将不断扩大。

3. 数据软件技术服务供应支撑模式

软件技术服务供应支撑模式是通过将大数据软件系统（Hadoop）以交易的形式提供给政府、企业等需求者，支撑其更好地管理数据资源并从中获取相应价值。具体服务内容包括基础软件系统服务和应用软件系统服务。基础软件系统是指为大数据的存储、管理、计算等提供基础运行环境，应用软件系统为满足应用需求提供支持。该模式是大数据软件系统层的主要商业模式，主要是以大数据分析能力为产品输出，客户需求相对统一。

4. 数据基础设施建设服务模式

基础设施建设服务模式是将大数据基础设施以交易的形式提供给政府、企业等需求者，支撑其从数据资源中获得丰富价值，具体服务内容包括 IDC 数据中心建设运维、“云计算”平台建设租赁、数据传输网络建设等。该模式是大数据基础设施层的主要商业模式，主要是以大数据基础设施建设为服务输出，对于供应商的准入门槛相对较高。目前的市场发展已较为成熟，预计未来将呈平稳增长趋势，但不排除技术创新带来突破性增长的可能性。

5. 数据源供应模式

数据源供应模式是指将源数据以库表、接口等形式提供给数据需求者，使其获得数据资产中所蕴含的价值，供应商根据数据需求量收费。该模式是大数据源层的主要商业模式，涵盖大数据产生的相关领域，包括传感终端、互联网、政府机关、运营商等。该模式主要是以数据为产品输出，相对简单，不涉及数据的分析处理，但信息安全的政策风险较高，而且市场空间有限，当前只适合于政府层面公共服务领域的数据源供应服务。

6. 产业支撑服务模式

产业支撑服务模式是指通过为大数据产业发展提供资金、技术、影响力等方面的支撑服务，以收入分成或服务佣金的形式获取收益。该模式是产业支撑服务层的主要商业模式，主要是应用在辅助或推

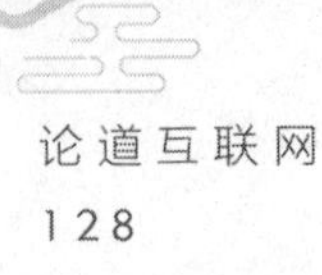

动大数据产业发展的相关领域，包括科研教育机构、创投孵化组织、行业咨询公司等。该模式以提供大数据产业支撑服务为输出，不直接涉及大数据生产领域，但对大数据产业发展具有重要推动作用。

互联网论道之一百零一十二：什么是数字经济？广义上讲，数字经济泛指以网络信息技术为重要内容的经济活动，与网络经济、信息经济差不多是同义词。科技界一般将信息化区分为数字化、网络化、智能化三个阶段，通常数字经济涵盖这三个阶段。二十国集团对数字经济的定义是："数字经济是指以使用数字化的知识和信息作为关键生产要素、以现代信息网络作为重要载体、以信息通信技术的有效使用作为效率提升和经济结构优化的重要推动力的一系列经济活动。"

互联网论道之一百零一十三：数字经济兴起。截至2018年6月，全球网民总数达38.9亿，普及率为51.7%，其中，中国网民规模达7.51亿，居全球第一。发展数字经济已经成为全球主要大国和地区重塑全球竞争力的共同选择，目前全球22%的GDP与涵盖技能和资本的数字经济紧密相关，中国的数字经济占GDP比重达三成。以互联网为代表的新一轮科技和产业革命已形成势头，人工智能等新兴技术成为全球创新的新高地。

互联网论道之一百零一十四：未来"一切商业皆数据"。大数据思维最关键的转变在于从自然思维转向智能思维，使得大数据像具有生命力一样，获得类似于"人脑"的智能，更好地服务于企业以客户为中心的“客户价值理论”。大数据时代的来临，对各行业传统管理模式带来了巨大的冲击。以往衡量一个企业的实力，其拥有的资源、财力是最重要的标准，而在大数据时代，数据才是王道，才是最重要的资产，才是最被看重的竞争力。

互联网论道之一百零一十五：互联网时代商业模式的核心是大数据。大数据的核心有两个：第一，要知道数据是如何获取的，产品和服务要和数据链接，形成大数据引流；第二，要拥有“数据思维”，拥有数据思维就是要考虑到一个事物从起因到结果的发展过程，数据是完善和提升这个过程的内力，大数据价值挖掘是未来所有公司的必修课。

互联网论道之一百零一十六：大数据变现的9种商业模式，其商业模式主要有以下9种：① B2B大数据交易所；②咨询研究报告；③数据挖掘云计算软件；④大数据咨询分析服务；⑤政府决策咨询智库；⑥自有平台大数据分析；⑦大数据投资工具；⑧定向采购线上交易平台；⑨非营利性数据征信评价机构。

互联网论道之一百零一十七：大数据的精准化。大数据不但是企业未来竞争的核心价值，而且已经成为企业的通用货币，它要求“活”数据，而不是一般意义上的“大”数据。只有量是不够的，必须跟业务完整融合在一起，在此基础上有模型和算法，还要有云计算和大计算能力支撑海量数据处理，这是未来商业竞争真正比水平、比能力的地方。能否精、准、细，背后是商业逻辑的根本变化。

互联网论道之一百零一十八：企业应用大数据所面临的主要问题。第一，能否在有效保护隐私和信息监管的情况下，建立所谓的“数据淘宝”，在这个平台上可以自由地上传和下载数据，同时实现自由定价；第二，能否产生相关的大数据运营商，提供存储和计算功能，以及一些必要的分析工具和软件；第三，能否形成数据挖掘竞赛的平台，把问题、人才和方案三者集中起来。

互联网论道之一百零一十九：大数据挖掘商业价值的四种方法。

（1）客户群体细分，然后为每个群体量身定制特别的服务；

（2）模拟现实环境，发掘新的需求同时提高投资的回报率；

（3）加强部门联系，提高整条管理链条和产业链条的效率；

（4）降低服务成本，发现隐藏线索进行产品和服务的创新。

互联网论道之一百零二十：数据经济将成为第四次工业革命的标志。第一次工业革命以煤炭为基础，蒸汽机和印刷术为标志；第二次工业革命以石油为基础，内燃机和电信技术为标志；第三次工业革命以核能基础，互联网技术为标志。虽然第四次工业革命的标志还没确定，但可以预测的是，数据和内容作为互联网的核心可能成为其标志。不论是传统行业还是新型行业，谁率先与互联网融合成功，能够从大数据的金矿中发现暗藏的规律，谁就能够抢占先机，成为技术改革的标志。

第十一章

移动互联网

【定义】移动互联网，就是将移动通信和互联网二者结合起来，成为一体。

【解释】互联网的技术、平台、商业模式和应用与移动通信技术结合并实践的活动的总称。

典型创业案例

一、小 红 书

小红书是跨境电商领域里杀出的一匹黑马，一年内就成功找到社区电商模式，以社区购物模式切入，升级为社区型电商，并迎来销售额的大爆发。

小红书创立于2013年，最初叫“香港购物指南”，用户可以在上面分享自己的海外购物笔记。创始人毛文超很快发现了其中的商机：在社区中卖产品，并试水成功。同年12月，小红书搭起了自己的供应链系统，转型为社区型电商平台。以信息驱动，用户生产内容，通过真正的社交信息流方式，将线下逛商场时的冲动消费场景搬到了线上。

作为创业团队中的佼佼者，小红书一夜爆发并不是偶然。在跨境电商的风口上，小红书刚好赶上“85后”“90后”用户高端消费力崛起，以及淘宝、天猫、京东等多年来培育好的用户网购习惯，这些独到的优势，让小红书快速成为创业风向标。

二、摩拜单车

因为互联网的魔力，共享单车似乎是一夜之间被激活。资本涌动、风口之上，共享单车行业目前最成功的就数摩拜单车了。

摩拜单车成立于2015年1月，是由胡玮炜创办的北京摩拜科技有限公司研发的互联网短途出行解决方案，也是当下最酷炫的概念“共享经济”的产物。

创立初期，摩拜单车也遭到了小小的冷遇，而后却短时间内迅速得到了资本市场的青睐，以迅雷不及掩耳之势完成了数轮融资。

截至2017年1月，摩拜单车的月活跃用户量已接近600万人。

2017年1月4日，摩拜单车宣布完成新一轮融资，此次融资数额达到2.15亿美元（约合人民币15亿元），打响了2017年共享单车融资大战的第一枪。

作为2016年的现象级创业项目，摩拜单车给我们提供了一个新的思考角度：硬件连接，利用移动互联网将人与硬件联系在一起，创新出新的应用模式，这样才能够成为现象。

三、饿　了　么

2008年开始在宿舍创业，2015年获得E轮融资，拥有几千名员工，服务范围也从上海交大周边快速扩展到全国250个城市，这便是中国最大的在线外卖订餐平台“饿了么”的快速发展轨迹。

饿了么创始人张旭豪通过校园BBS招来软件学院的同学入伙，用了半年左右，他们开发出了首个订餐网络平台。接下来的发展大家有目共睹。

一家大学生创业公司，在遭遇了烧钱竞争、巨头碾压和资本追逐之后，一跃成为中国最受瞩目也最有价值的初创公司之一。现在的饿了么已经成为中国最大的餐饮O2O平台。

四、人 人 车

互联网与资本的热炒，二手车市场突然火爆了起来。对比二手车电商的其他知名玩家，人人车是不折不扣的草根出身。

创始人李健 2014 年 4 月带领团队成立人人车，用 C2C 模式耕耘二手车市场。两年后，公司规模从几十人达到 3 000 多人，并完成 2.6 亿美元融资。

人人车初创 C2C 模式时，在业内不被看好，业内一度极其质疑 C2C 的可行性。直到 2015 年人人车拿到腾讯投资，质疑声才最终烟消云散。随后，人人车也加入广告战，以一当十地追平了瓜子的广告战绩，广为普通消费者所知，一举跃入二手车电商第一阵营。

资本的逆势助阵，人人车从最初的月销售 20 辆到 2016 年的 18 000 辆，两年内增长 9 000 倍，创下了行业的最高纪录。目前，人人车已经快速成长为行业最具代表性的创业公司，成为国内最大的二手车 C2C 交易平台。

五、蜜 芽

一家上线不足 10 个月的母婴类电商，已经拥有超过百万用户，到 2014 年 10 月交易总额超过 1 亿元人民币；又在不到半年的时间里，获得 8 000 万美元融资。这是母婴电商蜜芽的成绩单。

蜜芽的前身叫蜜芽宝贝，由全职妈妈刘楠于 2011 年创立。目前员工超过 1 000 人，销售渠道包括官方网站、WAP 页和手机客户端。

蜜芽前期只是一家淘宝店，创始人刘楠将其一路开到了垂直电商平台。她自己也坦言，蜜芽宝贝发展迅速，是因为赶上了跨境电商的风口。短短两年时间里，一家淘宝小店做成了月销售额数亿元、估值超过 10 亿美元的中国第一进口母婴用品特卖平台。

在创业团队的成功案例中，蜜芽发展速度之快足以令整个行业侧目。截至 2018 年，蜜芽估值已经 100 亿元，保持着母婴行业第一。

商业模式分析

作为互联网进一步渗入人们生活的衍生物，移动互联网依托 3G、4G 网以及智能机的普及，迅速发展，成功攻占各个市场领域。轰轰烈烈的移动互联网时代已经到来。

新的时代面临新的挑战，新的挑战促进新的发展模式。不论是 IT 行业还是传统行业，大都已经看到移动互联网时代潜在的无限商机，但商机背后蕴藏的不仅有金子，更有陷阱，比起立即准备一箩筐麻袋装金子，不如丢掉麻袋，先寻找真正适合自身发展的“金矿”。

互联网包罗万象，发展模式也各不相同，移动互联网亦如是，

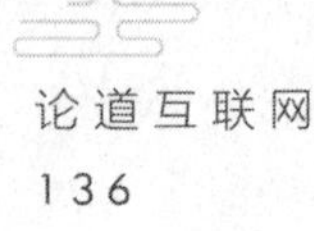

甚至更为丰富。下面通过移动互联网几种较为典型的商业模式，大致描绘移动互联网时代下以战略、发展、用户为中心的“金矿”轮廓。

一、战略：APP增值模式

APP增值模式最为突出的特点是“基础免费+增值服务”，利用变现及后期加大投入。“免费”本身便自带推广功效，具有吸引人气的魔力，但沉浸“免费”市场多年的我们早已意识到免费背后潜藏着“吸钱”工具，即增值服务。举两个简单例子：QQ即时通信免费，但增值业务收费；运营商手机免费，但内容和应用收费。当然“免费”本身是昂贵的，采用免费模式除需配套增值服务外，还需要通过广告等方式增加盈利，以支撑“免费”本身。

此种模式多适合刚起步的创业型公司，因其可较快速增加用户量，促进用户增长率提升，扩大市场份额，有助快速形成一定的商业规模。不过APP增值模式因前期需要最大限度地“免费”，会耗费大量成本，如若失败，有可能血本无归。

二、发展：平台模式

平台模式是开放盈利渠道的一种方式，是商家建立自身生态最重要的一环。现今，移动端最广为人知的平台有苹果的 iOS 系统、谷歌的安卓系统以及微软的 Windows Phone 系统。这些平台通过“互联网 + 终端”的移动互联网生态系统，成为商业、消费和服务的大型平台。不过，为增加本系统的产品吸引力，相应的企业又建立了基于本系统平台应用上的产品市场，最终形成或开放或封闭的生态圈。例如，苹果基于自身应用平台，制定了严格的交易规则和惩罚措施，创造较良好的商业发展环境，使开发者借助这个平台获得收益，并促进平台的良性发展，从而吸引到更多开发者，使苹果自身硬件的价值大大提升，带来更多用户。更多用户使用苹果的产品，又使得开发者的收益大幅提高，吸引更多开发者入驻这个平台，形成良性发展循环。

移动互联网时代下，软件、硬件以及服务都将成为营收与利润的来源，建立移动端的软件应用，是维护商家产品生态链的关键一步。不过基于建立生态需要成熟的硬件以及丰富的内容支撑，目前此种模式仍只是属于硬件以及内容巨头的专利。

三、用户：电商模式

电商模式是通过智能终端更便捷地查找、选择、比价以及最终购买商品和服务。其中，随着移动互联网的发展，O2O 模式呈现新的特点。移动互联网使 O2O 的入口更为宽阔，预装、应用商店、社交媒体、工具传递、官网、网盟都成为 O2O 入口的开拓者，通过合作（免费导入）、买量、自建资源等形式吸引大批用户进入。用户进入后，商家对用户的喜好进行分类、细化，满足用户信息分享、知识获取以及安全需求，同时提升用户的参与感，满足用户的情感与成长需求，给予用户极佳的用户体验，以此促进用户完成支付环节，形成优质的用户群体，而优质的用户资源正是 O2O 模式竞争中保持有利地位的关键。

一般，传统电商模式只适用于已在互联网上做出规模的电商延伸产业链，如亚马逊、淘宝等，但随着与 O2O 相关的硬件设计和软件开发成本下降，O2O 的开发门槛日益降低，O2O 很有可能成为移动互联网发展的新方向。但叱咤风云多年的万达在开辟 O2O 市场时也曾受挫，所以 O2O 有风险，选择仍须谨慎。

互联网论道之一百零二十一：传统媒体转型的趋势。移动互联网的下半场，移动端增长放缓，深耕内容和精准传播成为关键。对于媒体和内容创业领域而言，移动互联网的下半场的挑战在于用户注意力的争夺和用户黏性的培养，以及在深耕内容和精准传播的基础上把握媒体智能化的趋势。信息泛滥时代，低质量和同质化的内容面临淘汰与洗牌。

互联网论道之一百零二十二：MI+ 时代。MI+ 即 mobile Internet plus 的简写，意思就是基于移动互联网之上，可以添加一切社会元素。MI+ 时代不是微信时代，也不是一切都“微”（微信、微店、微支付、微博、微活动、微推送、微服务、微创新）的时代。MI+ 里的 M，指的是 mobile（移动），而不是 micro（微细），MI+ 时代里不仅有“微”创新，更有“巨”创新，绝不会是一切都变成微细的。没有任何限制的随意跨界是产业的大趋势。可穿戴设备、在线教育、互联网金融、乐视智能电视等，已经冲破边界清晰的传统产业空间。

互联网论道之一百零二十三：抛弃的代名词叫删除。移动互联网时代，影响消费者的媒体确实更多、更便捷、成本更低，但消费者选择的成本也更低，消除骚扰广告的工具也越来越多。区别骚扰与非骚扰的界限，就是消费者是否愿意保留品牌上的传播介质，无论是 APP 还是公众号。滥用媒体无限连接的产品，将更快遭到消费者的抛弃。

互联网论道之一百零二十四：APP 怎么开发？伴随“互联网＋”成为国策，大量资本涌入，很多人由看不见、看不懂、看不起转变为要不然我也做个 APP 试试……APP 开发讲究“一主四翼”。一主指以客户体验为主，讲究交互和数据运算能力，聚集细分人群成为粉丝从而形成平台（粉丝集散地）。四翼指体验互动、用户管理、个性化产品推送、支付系统。

互联网论道之一百零二十五：微商城的九大模块。微商城由九大模块组成：前段页面、后台管理、商品模块、订单管理、库存配置、促销管理、会员系统、系统模块（安全、支付、包装、运输）、报表模块（注册、低库存、退换货）。

互联网论道之一百零二十六：互联网移动社交电商的 S2b2c。阿

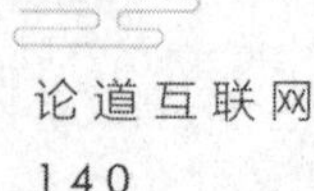

里巴巴战略顾问曾鸣教授发表文章提出：未来整个互联网移动社交电商里面，能够成为第二个阿里巴巴的，只有 S2b2c。什么是 S2b2c? S 即 supplier（供应商）。B 即 business。B 有两种：一种叫大 B，指的是品牌，公司方；一种叫小 b，指的是网红、微商、直销、个人创业者。C 即 customer（顾客、消费者）。

第十二章

物联网

【定义】物联网是新一代信息技术的重要组成部分，也是信息化时代的重要发展阶段。物联网就是物物相连的互联网。

【解释】物联网可以将生活中任意一个物体，通过某些或特定的传感器将其连接到一个网络当中，这个网络可以是局域网、互联网等，物联网是继互联网之后又一次的发展浪潮。它的意义在于丰富我们的日常生活，使每个细节更加细致化，万物联网。举一个简单的例子，当我们家里的冰箱联网后，我们可以通过手机远程查看冰箱内食物的监控，看看食材是否缺少，食材是否新鲜，还可以通过APP在小区楼下的超市购买新鲜的食材送至家门口。这就是物联网给我们带来的方便。

典型创业案例

一、小米·米家生态链

说起物联网，小米生态做的应该是最大最多最杂的品牌之一。小米的物联网切入点是路由器，我们通常只知道小米卖手机卖电视，其实从小米的路由器看出公司对于物联网的野心。小米公司只负责研发路由器手机和电视，其他的小米百货都是由其他子公司小米生态链厂商进行研发，小米负责提供市场与销售。像小米的灯，可以通过路由器联网，手机远程控制开关。小米的温湿度感应器，检测家内的温度数据实时传输到手机中，可控制空调的开关。如果屋内污染严重，小米的智能终端会命令小米的空气净化器自动工作。这样的生活体验都是不可逆的，家内的所有设备都智能化，就像我们说的“真正的科技就是让你感觉不到科技的存在”一样。

二、阿　里　云

基于高性能、低成本、灵活扩展的物联网解决方案，包括智能物业、智能硬件、车联物流等方案，助力传统硬件厂商和中小平台服务商快速搭建稳定可靠安全的物联网平台。

三、农业物联网

主要是传感器、云平台等物联网技术在传统农业上的运用，通过移动平台或者电脑平台对农业生产进行控制，做到精确感知、精准操作、精细管理。例如，畜牧物联网管理系统、远程大棚监控系统、大田种植物联网与智能节水灌溉系统。

四、环 境 监 测

基于传感技术、网络技术、云存储和云计算技术，实现大气、水质、室内空气等监控，打造宜居环境，畅享绿色生活。例如，空气污染在线监控平台、室内环境监测评估系统、健身房环境监测、衣橱环境监测预警系统。

五、车　联　网

车辆信息远程监控与管理系统，借助装在车辆不同部件的传感器数据和 GPS（全球定位系统）信息，通过 GPRS（通用分组无线服务技术）网络上传至平台，系统获取调用这些数据，并进行展示、控制、通知等。通过系统实现对轮胎、发动机、油箱、电瓶、进气管等车辆状态、车辆位置的远程监控综合管理。轨迹回放，可保存车辆历史位置信息，在应用中实现车辆位置的历史轨迹回放，查询车辆历史位置。报警通知，车辆超速、司机疲劳驾驶等违规行为，以及车辆异常状况的实时报警通知，通过短信或邮件的形式下发至相关人员。

商业模式分析

物联网产业链是各个产业部门之间基于一定的技术经济关联，并依据特定的逻辑关系和时空布局关系客观形成的链条式关联关系形态。对于其商业意义来说，首先，数字式识别与模拟式识别的需求量最为广泛，且厂商目前最了解客户需求；其次，物联网涉及众多技术和行业，这些技术可以渗透到我们日常生活当中，系统集成需求巨大；最后，物联网的应用将从行业垂直应用向横向扩展，对海量数据处理和信息管理需求将催生出对运营商的更高需求。上述任何一个环节，都蕴含着巨大的商机。

互联网论道之一百零二十七：物联网时代即将到来。在互联网时代，人与人的连接基于主动分享。在物联网时代，你什么都没干，信息就被身边的“物”搜集、整理成为“网络意识”的一部分。谷歌公司董事长埃里克·施密特预言：互联网即将消失，一个高度个性化、互动化的有趣世界即将诞生。

互联网论道之一百零二十八：物联网经济。“物联网”这一概念是1999年由麻省理工学院提出来的，到现在19年了（还未引爆）。2016年被定为"物联网元年"，有人预测2019年或者2020年会引爆。物联网是移动互联网之后下一个最重大的经济活动。它最核心的东西是实现社群经济。所谓的社群经济就是根据每一个人的需求为他提供场景服务。

互联网论道之一百零二十九：物联网经济就是社群交互平台。互联网时代一定是"从1到N"，而物联网时代一定是"从n到1"。这个大"N"（是）电商平台，上面有无数的商品，这个"1"是每一个顾客，顾客可以在电商上挑选自己需要的产品。而物联网是一个小写的"n"，n是社群交互的平台，"1"是用户。利用物联网，知道用户到底想要什么，我能创造什么价值。

互联网论道之一百零三十：物联网的八大发展趋势。①物联网将演变为知觉工具；②认知技术成为新的智慧；③物联网平台商品化；④无人机运输成真；⑤物联网成为国家网络安全的危机；⑥智能汽车和智能家居的融合已经实现；⑦ AI个人秘书竞争处于优势；⑧云端运算普及化。

第十三章

未来趋势

互联网论道之一百零三十一：解读马云的互联网“从有到无”。全球移动互联网爆发式扩张正在接近尾声，世界互联网连接规模增长步入动力转换期，互联网发展进入从“人人互联”到“万物互联”转变跨越新阶段，人工智能等新兴网络信息技术成为全球科技竞争的新高地，数字经济成为世界各国谋求经济增长的新动能，网络空间成为全球治理体系变革的新领域，智慧社会成为人们生产生活的新社会形态，互联网日益成为“你中有我、我中有你”的命运共同体。

互联网论道之一百零三十二：2018 年新媒体有三个必然趋势。①第一个趋势：公众号关注率继续下降，平均下降 3% ～ 4% 个点；②第二个趋势：内容分享率继续下降，朋友圈进入分享疲劳期；③第三个趋势：文章点开率继续下降，随着朋友圈数量的增加，朋友圈进入删除期，内容疲劳期来临。

互联网论道之一百零三十三：2018 年跨年热词应该是“认知升维”。这个世界很多事情有是非之分，也有高下之分，对一件事情的认知层次不同，其结果迥异。认知的高下可分为降维、平维和升维。站在自己的角度去看一件事情是降维认知；站在利他的角度去看一件事情是平维认知；站在社会的角度去看一件事情是升维认知。

互联网论道之一百零三十四：宏观经济的流体效应。未来社会的本质就是流体，这个流体分成两大部分：①线上的信息量、货币流；②线下的产品流、人流。线上的信息量和货币流相辅相成，线下的产品流和人流也是互相映衬。而且中间所有的阻碍，都会被冲击掉，传统商业节点都会被拔掉，那些加价的代理商、经销商，利用信息不对称赚钱的商家，囤货的投机者等都会被流体效应吞噬。

互联网论道之一百零三十五：行业被颠覆的标志是什么？用户都说好，同行不但不说好，还骂你。这种声音越大，就意味着一个行业的颠覆即将开始。

互联网论道之一百零三十六：内容创业的五大趋势。①渠道从“两微一端”到“凡有流量处都有内容”；②运营目标从争夺用户量到争夺用户时间；③自媒体商业模式从广告到多元；④知识平台崛起，内容从免费到付费；⑤新生态短视频从兴起到标配。

互联网论道之一百零三十七：人才资本的四大发展趋势。①对于个体来说，会越来越自由、独立；②对于公司来说，万物皆不为我所有，但万物皆为我所用；③人才正在向人力资本转化，并崛起为第一生产力；④公司正在向平台资本转化，成为人力崛起的依托。

互联网论道之一百零三十八：顾客需求进化趋势。互联网时代，事物运行的规律随时在变，只卖产品的时代已不复存在，卖模式的时代到来。顾客的需求出现如下进化趋势。（1）从基本需要进化到量的需要。（2）从量进化到质。（3）从质进化到心理或情感的诉求。（4）从心理诉求进化到量身定制的模式。

互联网论道之一百零三十九：中国媒体的发展趋势。传统媒体→新媒体→自媒体→信息流。媒体正在由集中走向发散，由统一走向制衡。自媒体兴起后将和传统媒体形成有益的补充，它使中国的话语权开始裂变，普通民众迫切要求拥有参与公共事务的决策权，而未来人人都是一个自媒体，信息流的产生让媒体消亡。

互联网论道之一百零四十：中国营销业态的新趋势：媒介为王→技术为王→内容为王→产品为王。传统广告总是依靠媒介的力量去影响人，如央视的招投标。现在的互联网广告开始依靠技术实现精准投放，如按区域、按收入、按时段投放。未来社交媒体的崛起使好的广告能自发传播，而未来最好的广告一定是产品本身，最好的产品也一定具备广告效应。

互联网论道之一百零四十一：机器人与人类。机器人取代人的顺序是这样的：先由智能机器取代工厂里的蓝领，再由人工智能取代写字楼里的白领。最终结果就是：机器干了人类的活，人类开始研究更高级别的机器人。

互联网论道之一百零四十二：资本运作的社会价值。很多初创企业的创始人缺少资本思维，要想学会“资本思维”，必须先来深刻理解一下什么是“资本”。“资本”仅仅是指钱吗？不是。资本是对资源的“支配权”，通过资源支配带来更多的支配权叫“资本运作”，通过“资本运作”优化和配置社会财富，实现社会效率的最大化就是“资本运作”的社会价值。

互联网论道之一百零四十三：未来的消费重点。未来线上的一切都是免费的，包括文章、书籍、视频、电影、音乐等，所有的创造者都会无私地分享自己的作品；所有的生产者都有机会展示自己的产品。未来线下的一切都是收费的，如影院、餐厅、演唱会、见面会等。究其本质，线上资源在公开化、共享化，而线下的场景和体验才是消费的重点。

互联网论道之一百零四十四：未来商业的三大趋势。①使用权大于所有权：棠果没有一间房，却可以让全世界所有闲置房屋为它所用；②轻资产大于重资产：滴滴出行没有一辆车，却比所有出租车公司的利润都要高；③软件大于硬件：天猫、京东商城已是中国最大的百货公司，却没有一间实体商场。

互联网论道之一百零四十五：信用就是财富。最好的营销是内容，最好的内容是产品，最好的产品则是信用。对于未来每个人来说，信用会变得格外重要，未来的财富路线是这样的：行为→信用→人格→财富。中国未来只有三种角色，自下而上依次是：价值提供者→价值整合者→价值放大者。

互联网论道之一百零四十六：大竞争时代的商业主流。原来，我国的商业企业大部分都是横向发展：越做越大，涉及面越来越宽。因此企业越做越容易展开“同质化竞争”，今后的企业应该是纵向发展：越做越精，挖掘度越来越深。这种变化使行业将越来越垂直、协作越来越完善。于是中国商业企业越来越细分，结构越来越周密，企业与企业之间、行业与行业之间的独立性越来越强，“差异化共存”成为商业主流。

互联网论道之一百零四十七：中国产业链的流向正在逆袭。以前是先生产再消费：生产者→经销商→消费者。未来一定是先消费再生产：消费者→设计者→生产者。因此，传统经销商这个群体将消失，而能够把消费者想法转化成产品的设计师将大量出现。

互联网论道之一百零四十八：未来三大科技趋势和商业趋势：①透明沉浸式体验（transparently immersive experience）；②感知型智能机器时代（perceptual smart machine age）；③平台革命（platform revolution）。这三大科技趋势和商业趋势将成为未来企业机构与新型商业生态系统互联的平台，很有可能是企业机构未来 5 ～ 10 年优势竞争的必争之地。

第十四章

经典总结

互联网论道之一百零四十九：中国工业发展的 3 个 10 年。第 1 个 10 年是 20 世纪 80 年代，劳动力等生产要素活跃。伴随改革开放的出现，大量的需求被挖掘，民营企业逐渐崛起。第 2 个 10 年是 20 世纪 90 年代，装备现代化。较低的劳动力和原材料成本吸引了大量的外国投资，支撑低成本优势的是制造业装备的现代化，规模化经济开始逐步形成。第 3 个 10 年是 2000 年至今，产品创新与信息化。电子商务的发展突破了时间和空间的限制，使得最接近终端的交易环节互联网化进程大行其道。

互联网论道之一百零五十：平台经济、社群经济和共享经济是未来社会发展必然趋势。①平台是空间和基础，融合上下游相关资源，实现多方合作共赢；②社群三要素：有营养（情怀）、有内容（价值）、有态度（规则）；③共享三要素：信息资讯、思想智慧、商机项目。

互联网论道之一百零五十一：信用与财富值的关系。对于每个人来说，未来有一件东西会变得格外重要，那就是你的信用。未来个人的财富路线是这样的：行为→能力→信用→人格→财富。在大数据和互联网的帮助下，你的行为推导出了你的信用值，然后以信用度为支点，能力为杠杆，人格为动力，联合撬动的力量范围，就是你的财富值，也是你所掌控世界的大小。

互联网论道之一百零五十二：影响人心智的三个要素：外表、行为、沟通。满意度研究中有一个非常重要的分支叫作关键时刻（moment of truth）研究，平均每位顾客接受公司服务的过程中，会与5位服务人员接触；平均每次接触的短短15秒内，就决定整个公司在顾客心中的印象。故定义：与顾客接触的每一个时间点即为关键时刻，它是从人员的A（appearance，外表）、B（behavior，行为）、C（communication，沟通）三方面来着手的。这三方面给人的第一印象所占的比例分别为外表52%、行为33%、沟通15%，A、B、C是影响顾客忠诚度及满意度的重要因素。

互联网论道之一百零五十三：顾客的心智不可强制。随时随身的连接可能是“人、物、时、点”的自由“连接”。这是一幅巨大的社会生活场景。无限连接、永远在线的背面，是消费者掌握了主动权：如果任何传播让消费者讨厌，你就不要指望像有些广告一样，用霸占黄金时间强制向顾客心智植入所谓超级符号，顾客会直接将你的品牌痕迹（APP、公众号）从一切终端里删除。

互联网论道之一百零五十四：创业成功的六大铁律：①长长的

雪道；②商业模式的可扩充性；③清晰的盈利模式；④制度化管理；⑤创业一定要专注；⑥商机。

互联网论道之一百零五十五：商业时代的核心竞争力。在商品短缺时期，以制造为核心竞争力；在商品丰富时期，以营销为核心竞争力；进入消费升级时期，以产品创新为核心竞争力；而注重客户体验的新时期，以客户价值为核心竞争力。

互联网论道之一百零五十六：中国产业的结构的迭代。我国产业分为三维结构：一维的传统产业→二维的互联网产业→三维的智能科技产业。一维世界正在推倒重建（实体经济的重组），二维世界被划分完毕（BAT 掌控），三维世界正在形成。高维挑战低维总有优势，降维打击几乎是必胜的！所以网店可以冲散实体店，而微信的对手一定在智能领域诞生。

互联网论道之一百零五十七：“医院 + 互联网”七大主流模式。①推进医院 HIS 系统（医院信息管理系统）升级，创造优质医疗服务体验；②聚焦常见病、慢性病，开启“远程诊疗开药”新模式；③推进患者定制化服务，创造高价值医疗服务；④创新医院 O2O 模式，推进线上线下协同服务；⑤推动区域联合建平台，持续改进业务流程；⑥深入挖掘社区医疗服务价值，推进“分级诊疗服务平台建设”；⑦积极建设互联网医院，推动线上线下高效协同。

互联网论道之一百零五十八：移动互联时代的消费者将从分散走向联盟。在传统互联网时代，第三方平台的特点是“强信息、弱关系”。但是移动互联网时代的特点是“弱信息，强关系”。我们每一个人都是一个独立的IP、一个独立的经济体，而且彼此联动性很强。我们获取信息的方式更多地来自“分享”，而不是“告知”。既然商业核心机理从“物以类聚”过渡到了“人以群分”，那么今后消费者也必将从分散走向联盟。

互联网论道之一百零五十九：用户深度交互才能打造互联网时代的伟大企业。顾客终身价值（customer lifetime value）指的是每个购买者在未来可能为企业带来的收益总和。这意味着企业不是用钱来砸流量，而是要与用户深度交互，了解他们的需求，再去满足这种需求。用户是使用你产品和服务的人，无论是否付费，最重要的是你要与他保持长期的联系。一次性交易的消费者不是用户，仅仅是有金钱交易的客户。企业真正要重视的是经常购买商品或使用服务的用户，如果只关注客户，永远只能是产业链上随时可以被替换的一环，不可能成为一个伟大的企业。

互联网论道之一百零六十：威胁中国企业的主要因素：①竞争对手参与市场，占比90%；②科技创新速度慢，占比82%；③关键技术和人才供应不足，占比79%；④消费者开支及行为的转变，占比79%。

互联网论道之一百零六十一：大竞争时代管理秘籍。用制度约束人，用流程引导人，用文化影响人，用信仰感召人；把人气凝结成人脉，把交际圈固化成生态圈，把生态圈升级为价值圈。

互联网论道之一百零六十二：CRM（客户关系管理）对企业的好处。互联网时代，以产品为核心的商业模式正在向以客户为核心的商业模式转变，客户关系无疑成为企业竞争中最重要的资产。（1）通过整理分析客户的历史交易资料，强化与客户的关系，以提升客户再次光顾的次数和购买数量。（2）改善企业内部工作环境，使得一些重复性的工作减少，增加很多具有增值性和创造性的工作，提高知识工作者的劳动生产率。（3）能够及时有效地解决来自外部客户抱怨的问题，为客户提供超出其期望值的产品和服务，以提高客户满意度。

互联网论道之一百零六十三：什么是价值型企业？价值型企业就是以人的成长为核心，用教育引导的方式，对内实现人本价值，对外实现客户价值，最终借助资本的力量，实现企业价值最大化。价值型企业不单输出产品和服务，更重要的是输出领先的理念、独特的价值观，让客户享受到与众不同的体验和感受。

互联网论道之一百零六十四：企业管理的人情和事情。一流管理重视事情，二流管理重视人情，三流管理让人情绑架事情。重视人情让管理复杂，关注事情让管理简单，人情与事情搅在一起，就做不了任何事情。管理者如果只讲人情，就会欠下企业人情；但如果只讲事情，你又会做不了事情。最好的管理办法：人情归人情，事情归事情，工作时间只讲事情，业余时间讲人情。

互联网论道之一百零六十五：低调与高调。低调不是谦虚的代名词，而是一种不同于谦卑的生存智慧，一种善于隐藏自己的自我保护艺术；高调也并非是骄傲的别称，只是有棱有角让人啃起来方便。有时高调的人比低调的人活得更透明、更坦荡。真正的品质，不在于是否低调或高调，而在于活出真实的自我。

互联网论道之一百零六十六：对人的态度就是高校育人的结果。“教育是塑造”人的事业，是有温度的熨帖，是“一棵树摇动另一棵树，一朵云推动另一朵云，一颗灵魂唤醒另一颗灵魂”，其终极目标是“人的教育”：教一个大写的“人”，育一个完整的“人”。一个学校如能“看见”人，看见对“人”的态度，这个学校才称得上是尊重“人”格的好学校，“看不见”人，这个学校就失去了灵魂。

互联网论道之一百零六十七：人生的三个问题。第一，你有什么；第二，你要什么；第三，你能放弃什么。对于多数人而言：有什么，很容易评价自己的现状；要什么，内心也有明确的想法；最难的是，不知道或不敢放弃什么，这点恰能决定你想要的东西能否真正实现，没有人可以不放弃就得到一切。

互联网论道之一百零六十八：专注就是成功。任何人只要专注于一个领域，5 年可以成为专家；10 年可以成为权威，15 年就可以世界顶尖。也就是说，只要你能在一个特定领域，投入 7 300 个小时，就能成为专家；投入 14 600 个小时就能成为权威；而投入 21 900 个小时，就可以成为世界顶尖。

互联网论道之一百零六十九：世界上最棒的八大思维。①上帝思维：关爱别人，受益自己；②司马光思维：打破，才能得生机；③孙子思维：知己知彼，百战不殆；④拿破仑思维：敢想敢干，坚持己见；⑤亚历山大思维：成大事者不墨守成规；⑥乔布斯思维：简练才是真正的丰富；⑦洛克菲勒思维：以最小代价求最大利益；⑧孔子思维：三人行必有我师，学无止境。

附录

企业管理金句

1. 世界上任何书籍都不能给你好运，但它们能让你悄悄地成为自己。

2. 谁的人生不是荆棘前行，不要轻言放弃，因为从来没有一种坚持会被辜负。

3. 100% 成功 =20% 智商 +80%（情商 + 逆商），人与人之间的差距更多的是意识和格局上的差距。

4. 行善的最高境界：不是施舍，而是引路。

5. 台上一分钟，台下十年功。（One minute on the stage needs ten years practice off stage.）

6. 每一失去的，背后必有所得；每一所得的，背后也必有失去。（There is something you gain in each loss, while there is a loss in everything you gain.）

7. 过去，商业世界的主题是竞争；而未来，商业世界的主题是追赶用户。

8. 不是每个人都能做大事，但是，我们可以满怀大爱做一些小事。（Not all of us can do great things. But we can do small things with great love.）

9. 人生分四个阶段：一是生存（1 ～ 30 岁）；二是生活（30 ～ 50 岁）；三是生命（50 ～ 70 岁）；四是生死（70 ～ 90 岁）。

10. 创业者是创业成功的自变量。

11. 尊重别人可以分为三种境界。第一种境界：尊重亲人；第二种境界：尊重路人；第三种境界：尊重敌人。

12. 一个人的成就取决于三件事：一是自律，二是自燃，三是自愈。

13. 容易实现的不是梦想，轻易放弃的不是诺言。

14. 完美不是做非凡的事，而是将平凡的事做到非凡的好。（Perfection consists not in doing extraordinary things, but in doing ordinary things extraordinarily well.）

15. 平静的海面从未造就纯熟的水手。（A smooth sea never made a skilled mariner.）

16. 人未来最重要的能力包括以下三点：①人与人之间的沟通；

②创新，这是人类历史发展的驱动力；③跨领域能力，而非专业知识能力。

17. 成熟不是你能用很多大道理去开导别人，而是你能说服自己去理解身边的人和事。

18. 权威是把权给别人的时候，才能有真正的权利。只有懂得倾听、懂得尊重、承担责任的时候，别人才会听，自然就有权威。

19. “营销”这两个字强调既要追求结果，也要注重过程，既要“销”，更要“营”。

20. 不乱于心，不困于情，不畏将来，不念过往。（Not to be in the heart, not to be trapped in the feeling, not to fear the future, not to read the past.）

21. 人生就像迷宫，我们用上半生找寻入口，用下半生找寻出口。

22. 在这世界上，学会利他，你的道路会越来越宽；而凡事锱铢必较，就会四面树敌。

23. 创业的四个层次。第一层为人本经营，利用自身优势结合客户需求赚钱；第二层为小本经营，利用自身积累聘请人员工作赚钱；第三层为资本经营，利用资本购买资源大量复制赚钱；第四层为无本经营，利用思维整合资源无中生有赚钱。

24. 未来会被淘汰的 9 种人。① 8 小时外不学习的人；②对新生事物视而不见的人；③靠个人能力单打独斗的人；④玻璃心、心理脆弱易受伤的人；⑤技能单一、没有特长的人；⑥计较眼前、目光短浅的人；⑦情商低下者；⑧观念落后、知识陈旧的人；⑨坐而论道、不善行动的人。

25. 做人大度，做事深度，生活适度，生命才有长度。

26. 世界上聪明的人特点千差万别，愚蠢的人有一个共同的特点：总以为自己是聪明人。

27. 思想太少可能失去做人的尊严，思想太多可能失去做人的快乐。

28. 爱因斯坦公式：A=X+Y+Z。A 代表成功，X 代表正确的方法，Y 代表努力工作，Z 代表少说废话。

29. 世界上 1% 的人是吃小亏而占大便宜，而 99% 的人是占小便宜吃大亏。大多数成功人士都属于那 1%。

30. 学生是资产不是产品。教育的过程就是让学生增值的过程，学生是一所大学的资产，学生成功了、增值了，大学也增值了。

31. 教师不仅是知识的载体，也是精神的载体。大学的灵魂在于精神，教师是人类灵魂的工程师。

32. 自由就是做你喜欢的，幸福就是喜欢你所做的。（Doing what you like is freedom. Liking what you do is happiness.）

33. 世上有两种最耀眼的光芒：一种是太阳，一种是我们努力的模样。

34. 什么是人脉，不是你疯狂时候认识多少人，而是你倒霉时候谁认识你。

35. 喷泉之所以漂亮是因为它有了压力；瀑布之所以壮观是因为它没有了退路；水之所以能穿石是因为永远在坚持。

36. 胜利需要才华，重复胜利需要品格。（Winning takes talent: to repeat takes character.）

37. 借口无用，结果无价。（Excuses are useless, results are priceless.）

38. 当你为自己想要的东西而忙碌的时候，就没有时间为不想要的东西而担忧。

39. 对明天最好的准备就是今天做到最好。（The best preparation for tomorrow is doing your best today.）

40. 在成为专才之前，先成为通才。

41. 人的品德看言行，人的思想看行为，人的内心看做事，人的心术看眼神，人的知识看谈吐，人的内涵看表现，人的修养看性格，人的能力看业绩。

42. 内心再强大一点，就不会听风是雨；知道的事再多一点，就不会人云亦云。

43. 态度比能力更能决定一个人的成败。（Attitude is more important to success than ability.）

44. 悲观的人抱怨风，乐观的人期待风转向，现实的人调整帆。（The pessimist complains about the wind; the optimist expects it to change; the realist adjusts the sails.）

45. 古之立大事者，不唯有超世之才，亦必有坚忍不拔之志。

46. 真正创业成功的只有两类人：一是走投无路被逼上梁山的人，比如任正非；二是梦想改变世界的信徒，乔布斯和马斯克是典型代表。

47. 聪明是一种生存的能力；而智慧则是生存的一种境界。

48. 人生所有的努力，无非是两种结果：见笑或者见效，既要做好遇见前者的准备，更要做好遇见后者的从容。

49. 我们在生活中总有两大误区：一是生活给人看，二是看别人生活。

50. 自信的来源并非是你知道所有问题的答案，而是来自你敢于面对任何问题。（Confidence doesn't come when you have all the answers. It comes when you are ready to face all the questions.）

51. 对于没有抱负的人，他的信念来自成就；对于有抱负的人，他的成就出自信念。（An unaspiring person believes according to what he achieves. An aspiring person achieves according to what he believes.）

52. 时间就像一张网，你撒在哪里，收获就在哪里。（Time is like a net. You reap where you sow. ）

53. 生活总会给你第二次机会，叫作明天。（Life always offers a second chance. It’s called tomorrow.）

54. 成功很容易衡量，它是一个人起点与最终成就的距离。（Success has always been easy to measure. It is the distance between one’s origins and one’s final achievement.）

55. 没人看也要起舞；无人听亦要歌唱。（Dance like no one is watching. Sing like no one is listening.）

56. 你可以逃避现实，但你不能逃避因逃避现实所产生的后果。（You can avoid reality, but you cannot avoid the consequences of avoiding reality.）

57. 在这个世界上，害怕的人永远都会遇上危险。（In this world there is always danger for those who are afraid of it.）

58. 情商就是眼里面有别人；善良就是心里面有别人。

59. 不管做什么，都不要急于回报，因为播种和收获不在同一个季节。中间隔着的一段时间，叫作坚持。

60. 人人都有天赋。罕见的是甘愿跟随天赋尝尽人间甘苦的勇气。（Everyone has talent. What is rare is the courage to follow the talent to the dark place where it leads.）

61. 作恶之可怕，不在于被人发现，而在于自己知道；行善之可嘉，不在于别人夸赞，而在于自己之安详。

62. 世界上所有的惊喜和好运，都是你积累的人品与善良。

63. 值得拥有的东西，永远都来之不易。（Nothing worth having comes easy. ）

64. 头等人，有本事没脾气；二等人，有本事有脾气；末等人，没本事有脾气。

65. 普通的领导者把人们带往他们想去的地方，伟大的领导者把人们带往他们不一定想去，但该去的地方。（A leader takes people where they want to go. A great leader takes people where they don't necessarily want to go, but ought to be.）

66. 会聆听，因为机会的敲击声有时是很轻微的。（Learn to listen. Opportunity sometimes knocks very softly.）

67. 人生四张牌：第一张是健康；第二张是人格；第三张是习惯；第四张是勤奋与自律。

68. 如果不尝试一些新的东西，你的人生会了无生趣。（If you never try something new, your life story will be boring.）

69. 世界让我遍体鳞伤，但伤口长出的却是翅膀。（The world makes us black and blue, but wings will grow out of the wounds.）

70. 人生中有两类重大错误：第一类是不经思索就贸然行动，第二类是完全没有行动。（There are two cardinal sins in life. The first is to act precipitously without thought, and the second is to not act at all.）

71. 中国未来最大的红利是利他和人心，利他是最好的商业模式，人心是无声的价值。

72. 被动等待的人或许可以获得一些果实，但那一定是积极主动的人遗留下来的。

73. 伟大与善良二者的区别在于，伟大包含着对痛苦的肯定和有效利用，善良则一味企图消除痛苦。

74. 在黑暗中与朋友并肩同行，也胜过在光亮中独自行走。（Walking with a friend in the dark is better than walking alone in the light.）

75. 一个人最大的恶意，就是把自己的理解强加于别人，把所有的结果理所当然用自己的过程来解释，并一直认为自己是正确的。

76. 梦想不足以让您到达远方，但是到达远方的人一定有梦想。

77. 什么是大学？大学是：一种特立独行的思想；一种深远巨大的影响；一种兼容并收的氛围；一种穿行时空的光芒；一种刻骨铭心的境界；一种运行人生的能力。

78. 人生不是一场物质的盛宴，而是一次灵魂的修炼，使它在谢幕之时比开幕之初更为高尚。

79. 主宰命运的不是机会，而是选择；机会不是等来的，是争取来的。（Destiny is not a matter of chance, it is a matter of choice; it is not a thing to be waited for, it is a thing to be achieved.）

80. 学习三件事：用脑学习知识，用手学习技能，用心学习态度。

81. 格局四维度：全局的视角，深刻的洞察，长远的眼光，诚信的品格。

82. 什么是成长？所有的进步和成长都是人生蜕变的过程，这种过程伴随着种种痛苦和不如意，但每一次的蜕变都会有成长的惊喜。所谓成长，就是做没做过的事、做不愿意做的事、做不敢做的事。

83. 人的能力是个变量，变动的范围是由什么决定的？就是由你相信自己能力的大小，你相信这个是可以完成的，你在做的过程中更愿意调动自己更多的积极状态和情绪去实现它。

84. 什么是最好的产品？最好的营销是内容，最好的内容是产品，最好的产品则是信用。

85. 创业的三个“宁可”。宁可在一个注定成功的平台上暂时不成功，也不要在一个注定失败的平台上暂时的成功；宁可跟着明白的人糊涂地走，也不要跟着糊涂的人明白地走；宁可在富有的朋友中暂时贫穷，也不要在贫穷的朋友中暂时富有！

86. 未来不再有公司，只有平台；未来没有老板，只有创业领袖；未来不会再有员工，只有合伙人。

87. 未来创业和投资的六大方向：人工智能、文化娱乐、线上教育、B2B、消费升级、AI。

88. 平庸的企业做生意，优秀的企业做事业，卓越的企业做人才。

89. 最优秀的人才是免费的，因为，他们创造的价值远大于所分配的收益；不合格的员工就是企业的负资产，他们给公司带来的损失是不可估量的。

90. 人生三借。①借势：时势造英雄，读懂趋势把握趋势才能赢在未来，人生最大的智慧是选择；②借智：聪明人不断摸索总结经验，智慧的人善于向外学习、快速行动，节约人生成本，缩短成功时间；③借力：没有完美的个人只有完美的团队，小成功靠个人，大成功靠团队。

91. 差异是需求。没有同质化的产品，只有找不到需求差异的销售。再往深里说，其实客户不是在找差异，而是在找差异给他带来的价值。所以说差异不是在说产品，而是在说需求。

92. 无论你犯了什么错，或者你进步得有多慢，你都走在了那些不曾尝试的人的前面。（No matter how many mistakes you make or how slow you progress, you are still way ahead of everyone who isn't trying.）

93. 世界三类人：①主动做事情的人；②看别人做事情的人；③研究别人做事情的人。

94. 打败你的不是对手，颠覆你的不是同行，甩掉你的不是时代，而是传统的思维和相对落后的观念。

95. 小合作要放下态度，彼此尊重；大合作要放下利益，彼此平衡；一辈子的合作要放下性格，彼此成就。

96. 合格的 CEO 有三条：一是有高远的目标，拼命往上奔；二是要有坚忍不拔的意志，咬定青山不放松；三是学习能力，能跟得上时代，学习能力本身包括了人的胸怀、情商。

97. 一个企业的成功，30% 靠策略，30% 靠团队，40% 靠执行力。执行力的落实取决三个要素：要“用对的人才”，用“对的策略”，“完成可评估的结果”。

98. 中国人正在由外求变成内求：外求即求关系、求渠道、求资源、求人脉，求机会，内求即坦诚面对自己内心最真实的一面，激发起兴趣、热情、希望、理想，当你做好你自己，外界的东西就会被你吸引过来，这就是所谓的人间新生态。

99. 企业的竞争就是领导层的竞争，领导层思维的高度决定着企业的高度，领导层学习的速度决定着企业发展的速度。未来唯一持久的竞争优势就是比你的竞争对手学习得更快。

100. 自媒体时代，好的内容是想象力的结晶；好的内容是因为以最简单最便捷最愉悦的方式满足了用户的痛点；好的内容带有渗透力，能触动你的心灵；好的内容不仅仅传递的是知识与信息，更是一种思想，需要不断地思它想它，才能变为一种智慧。

101. 人生必不可少的 8 个朋友：①推手：擅长鼓励；②支柱：支持你的信念；③同好：兴趣相近的朋友；④伙伴：有需要时会站在身边；⑤中介：有办法帮你搭起桥梁；⑥开心果：有办法让你精神大振、心情大好；⑦开路者：开阔你的视野；⑧导师：给你建议并指引方向。

102. 人生没有绝对的公平，但是相对还是公平的。放在一个天平上，你得到的越多，也必须比别人承受得更多。

103. 管理忌六心。①私心，必让你威信扫地；②贪心，必让你立场错乱；③妒心，必让你丧失理智；④偏心，必使团队内讧；⑤疑心，必使同伴离散：⑥ 粗心，必然功败垂成。

104. 企业家成本指的是企业老板本身给企业带来的成本。企业家如同一支军队的首领，其本身是企业支付成本最高的员工。企业家个人因素的缺陷，将会为企业增加沉重的成本负担。

105. 知识和信息碎片化时代，迎接未来的最好方法就是学习。“学习力”已经成为个人和团队的核心竞争力。最好的雇主会寻找学习力强的雇员，最好的雇员会喜欢能够提供持续学习机会的雇主。

106. 人生九字经。苦：才是人生；痛：才是经历；累：才是工作；变：才是命运；忍：才是历练；容：才是智慧；静：才是修养；舍：才是得到；做：才是拥有。

107. 管理九字真言。①愿景比管控更重要；②信念比指标更重要；③人才比战略更重要；④团队比个人更重要；⑤授权比命令更重要；⑥ 平等比权威更重要；⑦均衡比魄力更重要；⑧理智比激情更重要；⑨真诚比体面更重要。

108. 人一定要守住自己的信用，因为它比金钱还贵重，无论是话语的承诺，还是金钱的借贷，当信用没了，也就意味着人格破产。

109. 成功创业者的 6P：passion（激情）；persistence（坚持）；previous experience（过往的经验）；personality or popularity（人格魅力）；price（价值）；profit（利润）。

110. 于己有利而于人无利者，小商也；于己有利而于人亦有利者，大商也；于人有利而于己无利者，非商也；损人之利以利己之利者，奸商也。大商之道，应利人利己，利国利民，以利众人之心做事。

111. 好的创业项目 6 要素。①用户痛点（至少有一个痛点）；②刚需（每一个人都需要）；③高频使用人群（每天都用）；④快速消耗品（复购率高）；⑤简单（产品不需要教育，不需要售后服务）；⑥低客单价（决策快、冲动消费，小额支付）。

112. 创始人 5 忌：第一忌，没找对需求；第二忌，产品与服务太烂；第三忌，团队不睦；第四忌，欺骗投资人；第五忌，资金使用不当。

113. CEO 的 10 大素质：①诚实和正直；②沟通能力；③委派任务的能力；④尊重和信任；⑥积极的态度和适度的幽默感；⑥努力工作并且致力于工作；⑦信心；⑧公平；⑨灵活和理解；⑩有影响和鼓舞他人的能力。

114. 企业留人的 5 大因素。①工资福利（85%）；②企业的发展潜力（77.5%）；③企业文化与人力资源政策（64.4%）；④培训机会和晋升空间（77.2%）；⑤领导者的个人魅力（70.8%）。

115. 创业 5 得：①时间是生命的长度，越用越短；②视野是生命的宽度，越看越宽；③理想是生命的高度，越想越高；④胸怀是生命的厚度，越堆越厚；⑤积淀是生命的密度，越积越密。

116. 职场的 5 个层级。首先自己要行；其次要有人说你行；再次，说你行的人要行；然后，你说谁行谁就行；到最后，谁敢说你不行。

117. 自己把自己说服了，是一种理智的胜利；自己被自己感动了，是一种心灵的升华；自己把自己征服了，是一种人生的成功。

118. 创新的 5 力：①愿力；②管理力；③团队力；④模式力；⑤产品力。

119. 在某个层面，人的一生处理好两个维度的事情就会幸福且成功: 时间和情感。在有限的生命区间让时间变得更有价值，在亲情、友情、爱情、对事对物的情感中用心扮演好爱与被爱的角色。

120. 真正成功的人生，不在于成就的大小，不在于地位的高低，不在于金钱的多少，不在于名气的有无。而在于：是否努力地完成自我，喊出属于自己的声音，活出属于自己的活法，走出属于自己的道路。

121. 珍惜身边的 8 种人。①让你从梦中醒来的人；②与你分享智慧经验的人；③敢与你承担责任的人；④欣赏你长处的人；⑤教导及扶持你的人；⑥成为你榜样的人；⑦对你遵守承诺的人；⑧赋予你事业使命的人。

122. 创业合伙人的 10 原则。①彼此是谈得来的朋友；②有共同的人生价值观；③彼此能充分了解信任；④遇事彼此易沟通；⑤彼此有奉献牺牲精神；⑥彼此宽容大度；⑦志趣要能基本相投；⑧彼此能坚定支持对方；⑨彼此有一定专业背景；⑩有共同理想。

123. 创业成功的 10 个条件。①拥有成功的创业经历；②拥有丰富的创业经验；③拥有丰富的企业经营管理经验；④拥有超强的学习、分析和总结思维能力；⑤拥有超强的战略规划和战略管理能力；⑥拥有丰富灵活的战术问题实战解决能力；⑦拥有积极、乐观、向上的人生态度；⑧拥有超强的同理心和理解能力；⑨拥有一定的法律意识和政策观念；⑩拥有对政治、经济、社会、文化、科技发展趋势的超常敏锐性和洞察力。

124. 人脉不是你和多少人打过交道、和多少人参加过饭局、和多少人进出过高档场合、和多少人合过影，而是有多少人愿意和你打交道、持续和你合作。

125. 真正决定一个人成就的，不是天分，也不是运气，而是严格的自律和高强度的付出。

126. 世界上有一条很长很美的路，叫作梦想；走在路上叫理想，站在路边叫妄想。世界上还有一堵很高很硬的墙，叫作现实；翻越那堵墙，叫作坚持，推倒那堵墙，叫作突破。

127. 好员工的6个条件。①聪明；②能换位思考；③有个人魅力；④自信力和决策能力强；⑤激情和毅力；⑥懂得分享。

128. 管理十人企业靠人格魅力；管理百人企业靠制度约束；管理千人企业靠企业文化；管理万人企业靠平台创业。

129. 投资人退出的7种方式：①首次公开发行（IPO）；②并购退出：未来最重要的退出方式；③新三板退出：最受欢迎的退出

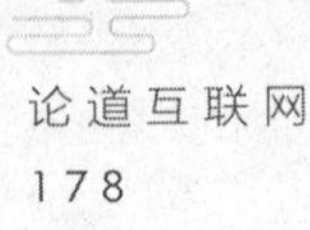

方式；④借壳上市：另类的IPO退出；⑤股权转让：快速的退出方式；⑥回购：收益稳定的退出方式；⑦清算：投资人最不愿意看到的退出方式。

130. 真正成熟的人由两部分组成，一半是对美好的追求，一半是对残缺的包容。

131. 好产品 = 品质（文化和精神）+ 设计（审美升级）+ 价格优势（有品质有设计的溢价基础上的性价比）。

132. 幸福有两种，一种是知道自己想要什么，一种是知道自己不想要什么。

133. 做成大事的人，往往做小事也认真，而做小事不认真的人，往往也做不成大事。

134. 大家都向往山顶的美景，却忽略了攀爬过程中所获得的成长与乐趣。

135. 合伙创业的 5 大天条：信仰趋同，能力互补，定好规则，包容忍让和分好名利。

136. 没有一颗心会因为追求梦想而受伤，当你真心渴望某样东西时，日月星辰都会赶来帮你。

137. 生命中任何的惊喜、幸运、收获，无一不是源自日复一日的努力耕耘，纵使成功的姿态千万，努力和坚持必定是先决条件。

138. 品行是一个人的内涵，名誉是一个人的外貌。做人德为先，待人诚为先，做事勤为先。

139. 打造自己的梦想，否则你就会被雇用去打造别人的梦想。（Build your own dreams, or someone else will hire you to build theirs.）

140. 不是性格决定命运，而是思维内容和思维方式决定命运。

141. 一个人的成功概率，与有效思维出现的频率和持续时间成正比。

142. 正向心理学公布的年轻人成功 7 项指标：①坚毅（grit）；②激情（zest）；③自制力（self-control）；④乐观态度（optimism）；⑤感恩精神（gratitude）；⑥社交智力（social intelligence）；⑦好奇心（curiosity）。

143. 前进路上的困难是绊脚石还是踏脚石，取决于放脚的位置，放脚的位置取决于心态和能力。

144. 创业型教师是指具有创业精神（entrepreneurial），能主动行动（make things happen），在教育领域为自己和他人创造社会价值和经济价值的教师。一个判断标准：在没有职称职务晋升空间，没有物质刺激，没有科研项目激励，没有评估考核驱动的情况下，他依然像打了鸡血一样不停“折腾”，那就可以基本断定他就是我们所说的“创业型教师”了。

145. 在职业生涯发展进程中，如果你没做成什么事， 最重要的原因是你没下决心一定做成事。

146. 人生不是坐等暴风雨过去，而是学会在雨中起舞。

147. 一个人的最后结局，不在于他的眼界，而在于他的底线。

148. 创新创业导师就是把公益转化为效益的社会公益者。

149. 把握真正重要的人和事，放手大部分其余的事。（Hold on to the people and things that really matter, let most of the other stuff go.）

150. 如果你真的想做到什么事，别只是希望而已，为之行动吧！（If you really want to achieve something, don't just wish for it. Go for it.）

151. 成功者 13 个价值连城的习惯：①了解做每一件事情的目的；②决策果断；③善于倾听；④设定“当日计划”；⑤善于总结； ⑥做擅长的事；⑦勤于练习基本动作；⑧运用自我暗示的力量；⑨运用冥想的技巧；⑩保持体力或创造更多精力；⑪超越自我；⑫建立系统；⑬成功者找方法，失败者找理由。

152. 绝不要因为一个工作微不足道而拒绝它，你不知道它可以引领你去哪里。（Never turn down a job because you think it's too small, You don't know where it can lead.）

153. 没有非凡的人，只有平凡的人被迫面对非凡的环境。（There are no extraordinary men, just extraordinary circumstances that ordinary

men are forced to deal with.）

154. 创业有两条路，一条用来实践，一条用来遗憾。

155. 你的能力决定你能得到什么，而你的格局，却会决定你最终能走到哪里。

156. 我们最值得自豪的不在于从不跌倒，而在于每次跌倒之后都爬起来。（Our greatest glory consists not in never falling， but in rising every time we fall.）

157. 决定你人生上限的，不是能力，而是做人做事的格局。

158. 创业成功者要经过三水洗炼：冷水、汗水、泪水。冷水是被别人泼的；汗水是自己流出的；泪水是不被理解流的。

159. 每一个你闪躲的困难，将来都会如鬼魂般打扰你的安宁。（Every difficulty slurred over will be a ghost to disturb your repose later on.）

160. 生活就像是跟老天对弈。你走棋，那叫选择，老天走棋，那叫挑战。

161. 不要用兄弟情义追求共同利益，要用共同利益追求兄弟情义。

162. 你今天必须做别人不愿做的事，好让你明天可以拥有别人不能拥有的东西。

163. 爬坡时，要有下坡时的心情；下坡时，要有上坡时的心愿。

164. 当你离开一个团队的时候，别人是放鞭炮还是含泪，这就是人格留下的痕迹。

165. 企业家的“四立”。①立意要深（意义）；②立命要高（使命）；③立业要精（事业）；④立人要宽（人才）。

166. 不是所有事情都能如愿以偿，但是任何事情都值得尝试。（Not everything is meant to be. But everything is worth a try.）

167. 拥有的要比你显露的多，说的要比你知道的少。（Have more than you show, speak less than you know.）

168. 内容创业者必须考虑的三个视角：供应视角——不变成产品，就没有价值；消费视角——不解决问题，就没有价值；平台视角——不能规模化，就没有价值。

169. 企业管理模式分三个层次：高层是战略管理（不要什么比要什么重要）；中层是机制管理（激励和约束）；下层是生存管理（活下去）。

170. 别人对你说的话、做的事，从来不能决定你是什么；你对别人说的话、做的事，才能决定你是什么。

171. 如果别人朝你扔石头，就不要扔回去了，留着做你建高楼的基石。（If they throw stones at you, don’t throw back, use them to build

your own foundation instead.）

172. 当后悔取代了梦想，一个人才算老了。（A man is not old until regrets take the place of dreams.）

173. 人生之中的许多变故都是有征兆的，但是人们又经常忽略这些征兆，这大约就是人生的悲哀吧。

174. 很少有人能靠它赚钱，这就会是大生意；很多人都能靠它赚钱，这就肯定不是大生意。

175. 领导力就是两件事："断物"和"识人"。"断物"代表战略思考，"识人"代表执行能力。

176. 你得有足够的实力，你的原则和底线才会被人尊重。

177. 一个人最大的智慧是透过别人的阅历而读懂自己的未来。

178. 机会如同日出，等得太久就会错过。（Opportunities are like sunrises, if you wait too long, you miss them.）

179. 要想飞得高，就该把地平线给忘掉。（If you want to fly too high in relation to the horizon forget.）

180. 经营和管理的本质区别：经营是找对的事情来做；管理是把事情做对。

181. 博学使人谦逊，无知使人骄傲。（Knowledge makes humble,

ignorance makes proud.）

182. 生活从未变得轻松，是你在一点一点变强。（Life doesn’t get easier, just you get stronger. ）

183. 最好的教育是别人感知不到你在教育他们，而他们实实在在受到你的影响。

184. 人有两条路要走，一条是必须走的，一条是想走的，你必须把必须走的路走漂亮，才可以走想走的路。

185. 当一个人能足以包容所有生活的不愉快，能专注于自身的责任而不是利益时，那么他就站在了精神的最高处。

186. 做许多事情的捷径就是一次只做一件事。（The shortest way to do many things is to do only one thing at a time.）

187. 你不能决定生命的长短，但你可以控制它的质量；你不能左右天气，但你可以改变心情；你不能改变容貌，但你可以展现笑容；你不能控制他人，但你可以掌握自己；你不能预知明天，但你可以掌握今天；你不能样样胜利，但你可以事事尽心。

188. 真正的领导力主要来自锲而不舍精神（commitment）、丰富想象力（imagination）和笑谈人生的态度（fun）。

189. 我们一路奋战，不是为了改变世界，而是为了不让世界改变我们。（We fight bravely all the way not to change the world， but to

resist the changes world make in us.）

190. 多一点怜悯可以让世界少一点冷酷，多一点正义。（A little bit of mercy makes the world less cold and more just.）

191. 将你击垮的不是压力，而是你承受压力的方式。（It's not the load that breaks you down, it's the way you carry it. ）

192. 中国人奋斗的途径由背景、学历、资源、人脉、资历转变为知识、创新、独立、个性、理想。

193. 低头不是认输，是要看清自己走的路；仰头不是骄傲，是要看见自己的天空！

194. 如果你明确自己的方向，世界也会为你让路。（The world makes way for the man who knows where he is going.）

195. 凡欲做大事者必先立志，志不坚则事必难成。

196. 没有人可以永远无条件地陪伴着你，要知道，下雨天的时候连影子都会缺席。

197. 你给自己一个高度，世界总会还你一个尺度。

198. 能让你强大的，不是坚持，而是放下；能让你淡泊的，不是得到，而是失去；能让你登高的，不是他人的肩膀，而是内心的学识；能让你站立的，不是卑微的苟活，而是不屈的抗争；能让你终生追逐的，不是远方的目标，而是不死的信念。

199. 人生中的每一件事、每一步路，其实都很重要，昨天决定今天，今天决定明天，虽然一时半会儿未必能够看得出成效，但回头看时，可能会发现，一切都是如此的清晰明了。

200. 累与不累，取决于自己的心态。心灵的房间，不打扫就会落满灰尘。扫地除尘，能够使黯然的心变得亮堂；把事情理清楚，才能告别烦乱；把一些无谓的痛苦扔掉，快乐就有了更多更大的空间。

201. 人活于世，要么有成就，要么有快乐，如果两样都没有，那就辜负了人生。

202. 人生需要五种信念。第一信念："天道酬勤"，用勤奋赢得尊重； 第二信念："地道酬善"，上善若水，心怀敬畏，不需锋芒毕露； 第三信念："商道酬信"，为人在世，无信不立； 第四信念："业道酬精"，尽力把事情做到最好，这是我们能够过好一生的最大资本；第五信念："厚德载物"，真诚对待和帮助身边的每个人。

203. 不懂积累，再挣钱也难以大富；不懂满足，再富有也难以幸福；有时走得太远，往往会忘记原路；有时看得太清，往往会找不到目标；有时想得太多，往往会失去自我。

204. 内心强大的人，无论在人生的哪个阶段，都不会过得太差，所有的障碍与考验，不过是日后多了一段宝贵的人生经历而已。

205. 生活像一个杯子，一开始，里面是空的，之后，要看你怎么对待它。如果你只往不如意的方面想，那么你最终会得到一杯苦水。如果你往好的方面想，那么你最终会得到一杯清泉。

206. 人生的奔跑，不在于瞬间的爆发，而取决于途中的坚持，你纵有千百个理由放弃，但总有一个理由坚持下去。

207. 没有一件事很容易，没有人不辛苦，真正想要去远方的人，不管多大风雨都不会放弃。沉默的岁月里不断让自己变得更好，总有一天雨会停。

208. 不要再埋怨命运，以感恩的心态面对生活，人生是一趟单程车，我们最应该做的，就是好好善待自己，珍惜今天，期待明天。那些走过的，错过的，都不再回来；丢掉的，失去的，都不复拥有。

209. 能力很重要，可有一样东西比能力更重要，那就是人品。人品和能力，如同左手和右手：单有能力，没有人品，人将残缺不全。人品决定态度，态度决定行为，行为决定着最后的结果。

210. 有梦想很重要，更重要的是，你必须每天都行走在前往梦想的路上，在为梦想做着看得见的努力，而不是一天到晚只有空想。

211. 不后悔，莫过于做好三件事：一是知道如何选择；二是明白如何坚持；三是懂得如何珍惜。

212. 人生最清晰的脚印，往往印在最泥泞的路上。如果你想拥有从未有过的东西，那你必须做从未做过的事情。努力不会无用，你今日撒下的种子，会在你看不见想不到的某日，悄悄生根发芽。

213. 什么人适合创业？善于交际和整合人力资源；对赚钱具有强烈的愿望；敢于冒险，并意志坚定；理性大于情感；善于把研发成果转化为商品。

214. 牛津大学研究出一个人没出息的 9 大根源：①总找借口（22%）；②恐惧（19%）；③拒绝学习（11%）；④犹豫不决（13%）；⑤拖延（9%）；⑥三分钟热度（8%）；⑦害怕拒绝（7%）；⑧自我设限（6%）；⑨逃避现实（5%）。

215. 流传千年的四大智慧：①不忘初心；②大道至简；③有容乃大；④上善若水。

216. 积极的人在每一次忧患中都看到一个机会，而消极的人则在每个机会都看到某种忧患。

217. 世界上有两样东西不能嘲笑：一是出身，二是梦想。

218. 什么样的出身不重要，重要的是将来成为什么样的人；出生在哪里不重要，未来在哪里才重要；生来贫穷不可怕，未来贫穷才可怕；起点低不重要，重要的是未来的终点在哪里。

219. 失败是什么？没有什么，只是更走近成功一步；成功是什么？就是走过了所有通向失败的路，只剩下一条路，那就是成功的路。

220. 感谢这个变化的时代，感谢无数人的抱怨，因为在别人抱怨的时候，才是你的机会，只有变换的时代，才是每一个人看清自己有什么、要什么、该放弃什么的时候。

221. 创业是成长的确定性与成功的不确定性相伴而行的过程。

222. 创业的艰难不是为了沧桑日月，而是为了寻求不同的人生；学识的渊博不是为了征服别人，而是为了看清自己的渺小；财富的丰厚不是为了炫耀奢华，而是为了增加扬善的担当。

223. 稻盛哲学“六项精进”：①付出不亚于任何人的努力；②要谦虚，不要骄傲；③要每天反省；④活着，就要感谢；⑤积善行，思利他；⑥忘却感性的烦恼。

224. 投资人最看重的五个要领：①看准一个团队（团队）；②发掘两个优势（优势行业 + 优势企业）；③弄清三个模式（业务模式 + 盈利模式 + 营销模式）；④查看四个指标（营业额 + 利润额 + 净利率 + 增长率）；⑤理清五个结构（股权结构 + 高管结构 + 业务结构 + 客户结构 + 供应商结构）。

225. 无论你创业处于哪个阶段，做好两件事就够了：一个是你的产品，一个是你的人品。产品决定了你的存在，人品决定了你的人脉。

226. 创业如同爬山，所有的人都羡慕成功，都想停留在那山顶，但是所有的乐趣和成长都发生在往上爬的过程中。

227. 如果不以纯洁的心灵来描绘愿望，就不会有卓越的成功。即使抱有强烈的愿望，如果这种愿望是出于私利私欲，那么也许能够带来一时的成功，但这种成功不可能长期持续下去。

228. 机会是什么？机会就是：别人不知道你知道了，别人不明白你明白了，别人犹豫或不做而你果断地做了。当别人知道了、明白了、想要做时，你已经成功了！所以机会总是给有准备的人。

229. 成功可以分为两种：一种是名利上的成功，一种是人格上的成功。前者只是一时的、表面的、物质的；而后者是永恒的、实质的、精神的，需要用一生的努力来获取。

230. 用你的笑容去改变这个世界，别让这个世界改变了你的笑容。（Use your smile to change the world, don’t let the world change your smile.）

231. 在创业的人生中，你可以选择这样的“三心二意”：信心、恒心、决心；创意、乐意。

232. 领导比员工多什么？①要比眼光，比他看得远；②要比胸怀：男人的胸怀是委屈撑大的，要能容人所不容；③要比实力：抗失败的能力比他强。一个优秀的领导人的素质就是眼光、胸怀和实力。

233. 大多数人想要改造这个世界，但却罕有人想改造自己。

234. 创业者光有激情和创新是不够的，它需要很好的体系、制度、团队以及良好的盈利模式。

235. 幸福并非得到你想要的一切，而是享受你所拥有的一切。

236. 很多人分不清理想和欲望。理想就是当你想它时，你是快乐的；欲望就是当你想它时，你是痛苦的。

237. 世界上有两种长大的方式，一种是明白了，一种是忘记了明白不了的，心中了无牵挂。

238. “生意”，就是“生活的意义”。一切商业的价值，都需要回归到生活的意义之中。

239. 但凡不能杀死你的，最终都会使你更强大。（what doesn’t kill us makes us stronger.）—— 尼采

240. 人类之所以脱颖而出，从低等的生命演化成现代这样，出现了文明，就是因为他有一种对未知探索的精神。——南仁东（中国天眼建设者）

241. 人生三品：沉得住气，弯得下腰，抬得起头。

242. 岁月可以带走我们的年华，但别让生活夺走我们的勇气。

243. 努力的最大好处，就在于你可以选择你想要的生活，而不是被迫随遇而安。

244. 人缘，不是有多少人认识我们，而是有多少人愿意帮助我们；人脉，不是用来利用别人，而是用来帮助别人；人气，不需要多少人在面前吹捧我们，而是有多少人在背后称赞我们。

参考文献

[1] [美] 吉姆 · 柯林斯，杰里 · 波勒斯 . 基业长青 [M]. 4 版 . 北京：中信出版社，2009.

[2] 赵大伟 . 互联网思维——独孤九剑 [M]. 北京：机械工业出版社，2014.

[3] 周鸿祎 . 我的互联网方法论 [M]. 北京：中信出版社，2014.

[4] 2012 年度中国最佳商业模式十强出炉 [J]. 21 世纪商业评论，2013（1）.

[5] 白刚 . 小米《参与感》没有揭示的背后逻辑 [EB/OL]. http：//www.100toutiao.com/index.php?a=show&cat=4&id=10351&m=Index.

[6] 王咏刚，周虹 . 乔布斯传 [M]. 上海：上海财经大学出版社，2011.

[7] 阿里巴巴的 O2O 布局蓝图 [EB/OL]. http：//finance.eastmoney.com/news/1670，20140624395585832.html.

[8] 黎万强 . 参与感——小米口碑营销内部手册 [M]. 北京：中信出版社，2014.

[9] 刘宗斌 . 国际认证标准管理体系文件简约化 [M]. 北京：清华大学出版社，2003.

[10] [美] 迈克尔 · 波特 . 竞争优势 [M]. 北京：华夏出版社，1999.

[11] 徐直军 . 业务流、流程 . IT、质量 . 运营的关系 [EB/OL]. http：//www.pintu360.com/article/56603.html.

[12] 哈默，钱皮 . 企业再造——企业管理革命的宣言 [M]. 上海： 上海译文出版社，2007.

[13] 黄君发 . “企业再造”有没有辉煌 [EB/OL]. 中国管理传播网. http：//manage.org.cn/articl/200707/48866.html.

[14] 郑明身，桑强 . 企业流程再造理论的局限性及其修正 [J]. 经济管理，2004（17）.

[15] 梅绍祖，等 . 流程再造——理论、方法和技术 [M]. 北京： 清华大学出版社，2004.

[16] 刘宗斌 . 企业管理流程体系的规范研究 [D]. 北京： 中国人民大学，2009.

[17] [美] 葛瑞纳 . 组织成长的演变与变革 [J]. 哈佛商业评论，1972 （7-8）.

[18] [美] 彼得 · 圣吉. 第五项修炼 [M]. 北京： 中信出版社，2009.

[19] 苏慧文 . 海尔管理变革： 市场链与业务流程再造 [J]. 南开管理评论，2001 （1）.

[20] 常桦，逸飞 . 约翰 · 科特——领导变革之父 [M]. 北京： 中国物资出版社，2010.

[21] 肖 宾 . 张 瑞 敏 细 说 海 尔 流 程 再 造 [EB/OL]. http： / /finance.sina.com.cn/roll/20030908/0218436177.shtml.

[22] [美] 艾尔弗雷德 · D. 钱德勒 . 战略与结构 [M]. 昆明： 云南人民出版社，2002.

[23] 王明夫，王丰 . 高手身影 [M]. 北京： 机械工业出版社，2008.

[24] 包政 . 华为和联想的流程管理案例研究 [J]. 商业时代，2006（27）.

[25] 刘斌 . 变革之舞 [M]. 北京：清华大学出版社，2010.

[26] 陈伟光，马跃峰 . 海南农垦成立六十周年 4 年改革华丽转变 [N]. 人民日报，2011-11-28.

[27] 马林 . 卓越绩效评价准则实务 [M]. 北京： 中国标准出版社，2009.

[28] 杨眉 . 企业内部控制的新发展与新要求 [J]. 现代商业，2011 （26）.

[29] 李瑞 . 质量管理体系教程 [M]. 北京： 中国经济出版社，2000.

[30] [美] 约瑟夫 · M. 朱兰，A. 布兰顿 · 戈弗雷 . 朱兰质量手册 [M].5 版 . 北京：中国人民大学出版社，2003.

[31] 徐建新，翁云翔 . 电子中介对于“延迟制造”的影响研究 [J]. 决策借鉴，2002（4）.

[32] 颜光华，刘正周 . 企业再造 [M]. 上海： 上海财经大学出版社，1998.

[33] Robert S.Kaplan，David P. Norlon.The Balanced Scorecard：TranslatingIntoActicon[M]. Boston：Harvard Business School Press，1996.

[34] 秦杨勇 . 平衡计分卡与绩效管理 [M].2 版 . 北京： 中国经济出版社，2009.

[35] [韩] 金咏韩，金咏安 . 开会就要学三星 [M]. 北京：新华出版社，2005.

[36] 周彦平 . 全预算管理解决困惑老板的问题 [EB/OL]. http：//bIog.sina.com.cn/s/bIog_69507a280101gtpx.html.

[37] 秦杨勇 . 集团管控——中国最佳实践 [M]. 北京：中国经济出版社，2011.

[38] [日] 稻盛和夫 . 阿米巴经营 [M]. 陈忠，译 . 北京：中国大百科全书出版社，2009.

[39] 苏慧文，等 . 海尔集团 SBU 再造机制的案例研究 [J]. 管理案例研究与评论，2008.

[40] 敦远顾问 . 快时尚的“人单合一模式”[EB/OL]. http：//blog.sina.com.cn/s/blog_69507a280101gtpx.html.

[41] [美] 詹姆斯 · P. 沃麦克，尼尔 · 鲁斯，[英] 丹尼尔 · T. 琼斯 . 改变世界的机器 [M]. 北京： 商务印书馆，1999.

[42] [日] 大野耐一 . 丰田生产方式 [M]. 北京： 中国铁道出版社，2009.

[43] 张彤臻，侯昌志 . 浅析制造型企业如何实现生产均衡化 [EB /OL]. http：//blog.sina.com.cn /s/blog_62f979c10100jkct.html.

[44] 王海军 . 准时化生产方式的技术体系 [EB/OL]. http：//blog.sina.com.cn/s/blog_850005e80100yy7x.html.

[45] [英] 维克托 · 迈尔 - 舍恩伯格，[英] 肯尼思 · 库克耶 . 大数据时代 [M]. 盛杨燕，周涛，译 . 杭州：浙江人民出版社，2013.

[46] 梁海宏 . 企业大数据如何起步 [EB/OL]. 艾瑞网 . http：//column.iresearch.cn/b/201303634896.shtml.

[47] 杨志杰 . 大数据在京东的应用 [EB/OL]. http：//www.cxoworld.com.cn/eyan/view/37322.

[48] 马士华 . 供应链管理 [M]. 3 版 . 北京：机械工业出版社，2010.

[49] 海尔集团供应链与物流管理革新 [EB/OL]. http：//wenku.baidu.com/view/89b47562ddccda38376baf9f.html.

[50] 陈威如，余卓轩 . 平台战略：正在席卷全球的商业模式革命 [M]. 北京：中信出版社，2013.